BERND GÖRNER

SO KOMM ICH *gut* AN

LEICHTER LEBEN

BERND GÖRNER

SO KOMM ICH *gut* AN

Wie Sie Menschen für sich gewinnen

SCORPIO

INHALT

AUF DEM WEG ZUM KONTAKTGENIE

In unserer heutigen, schnelllebigen Welt ist Charisma gefragt und das Talent zur raschen Kontaktaufnahme. Sowohl im privaten wie auch im beruflichen Bereich. Die Zeit wird immer begrenzter, wenn es darum geht, einen anderen Menschen für sich selbst oder eine Sache zu gewinnen. Man spricht von den ersten 20 Sekunden, die darüber mitentscheiden, ob eine Verbindung geknüpft wird oder nicht.

Dies ist ein großer Druck, der einer Unsicherheit gegenübersteht, die viele Menschen verspüren. Da ist auf der einen Seite die Sehnsucht gemocht, anerkannt oder geliebt zu werden und auf der anderen die Frage: »Wie macht man das?« Fast jeder kennt Menschen, bei denen es nichts zu geben scheint, was andere voreingenommen macht. Diese Menschen wirken echt, sie strahlen »Authentizität« aus. Es ist ihr Charme, der ihnen die Türen öffnet, doch erst Glaubwürdigkeit, Respekt vor dem Gegenüber und Seriosität machen es möglich, die geknüpfte Verbindung auch zu halten.
Ich möchte mir mit Ihnen im Folgenden anschauen, was man tun kann, um eine für sich gewinnende Situation zu schaffen, die über 20 Sekunden hinaus wirkt. Wie bewirkt man durch Ausstrahlung und Freundlichkeit, dass man das größere Stück Kuchen bekommt oder dass Gelder für Projekte fließen? Wie wichtig sind neben der fachlichen Kompetenz die emotionalen Fähigkeiten?
Ich selbst war zu Schulzeiten ein eher schüchterner Junge. Doch im Laufe meines Lebens lernte ich, mit dieser Schwäche so umzugehen, dass sie sich in Kraft und Verständnis wandelte und mir heute der Umgang mit Menschen eine große Freude ist. Ich liebe es, Menschen durch Gespräche, Vorträge und Seminare zu erreichen und ihnen dabei zu helfen, sich bei der Kontaktaufnahme von folgenden Fragen nicht mehr verunsichern zu lassen:

- Genüge ich?
- Werde ich nicht langweilen?
- Bin ich attraktiv genug?
- Ist mein Angebot attraktiv?
- Werden meine Makel auffallen?
- Was ist, wenn sich der oder die andere einfach abwendet?

SCHRITT FÜR SCHRITT ZUR VERÄNDERUNG

Um sich in Zukunft sicherer im zwischenmenschlichen Kontakt zu fühlen, können Sie mir durch dieses Buch folgen, indem Sie sich einzelne Abschnitte rauspicken, die Ihnen sozusagen *ins Auge fallen*, oder indem Sie es lesen, wie man Bücher so liest: von vorne nach hinten. Sie werden Passagen finden, die Sie zum Nachdenken bringen, gelegentlich werden Sie aber auch sagen: »Weiß ich doch schon alles«. Richtig. Natürlich wissen Sie schon alles, denn den Umgang mit Menschen üben Sie ja bereits seit vielen Jahren. Aber:

Haben Sie sich schon einmal bewusst darüber Gedanken gemacht, warum Sie wirken, wie Sie wirken? Was Sie genau tun und wie Sie sich in der Welt bewegen?

Ein Großteil unseres Verhaltens, das wir an den Tag legen, ist unbewusst. Indem wir uns bestimmte Aspekte bewusst machen, haben wir die Chance, uns zu verändern und leichter an unsere Ziele zu gelangen. Nutzen Sie die Möglichkeit, sich etwas intensiver mit sich zu beschäftigen und genauer zu betrachten, welche Wirkung Sie verstärken möchten bzw. welche verzichtbar oder wandelbar ist. Insofern ist alles altbekannt und brandneu – nur, dass Sie nicht alleine nachdenken müssen. Sie werden Geschichten finden, Anregungen und Überlegungen, die Sie zum Ausprobieren ermutigen. Die Kommunikation ist ein großes, buntes Feld. Toben Sie sich aus, sammeln Sie gezielt Lorbeeren und versuchen Sie von Zeit zu Zeit, die Gespräche immer mal ein wenig anders anzugehen. Es wird sich dadurch nicht nur Ihre Art zu kommunizieren verändern, sondern vielleicht auch die Ihres Freundes-, Kunden- und Bekanntenkreises. Gute Kommunikation unterstützt, fördert, beschenkt, verbindet und wird Ihr Leben auf unterschiedlichste Weise bereichern.

Erstes Kapitel

Den richtigen Einstieg finden: Was für erfolgreiche Kontaktaufnahme wichtig ist

In diesem Kapitel erfahren Sie

Warum Menschen andere Menschen brauchen

Was Sie bei der Kontaktaufnahme vom »Maroni-Mann« lernen können

Wie Sie andere einschätzen lernen

Was Authentizität ausmacht und wie Sie Ihr Echtsein wiederfinden

Warum ein gar nicht geführtes Gespräch besser ist als ein ohne Präsenz geführtes

MENSCHEN BRAUCHEN MENSCHEN

In unserer heutigen Zeit ist Sachlichkeit ein Maßstab, der in allen Bereichen viel zählt. Aber letztlich sind es doch die Gefühle, die uns leiten. Im Büro, im Vertrieb, Verkauf oder in anderen Situationen ist es wichtig wahrgenommen zu werden und andere Menschen wahrzunehmen. Selbst der trockenste Vortrag wird einprägsam, wenn es der Referent schafft, dass wir einen Bezug zu seiner Person herstellen können. Und das gelingt nur, wenn er uns für sich und sein Thema begeistern möchte.

Der Wunsch bemerkt zu werden ist ein ganz elementares menschliches Bedürfnis. Es gab Zeiten, da wären wir nie auf die Idee gekommen, es alleine auch nur einen Tag lang schaffen zu wollen. Wir brauchten andere, um in dieser Welt zu überleben. Die Menschen um uns herum waren uns Schutz und Sicherheit. In einer funktionierenden Gemeinschaft lebend, konnten wir davon ausgehen, nicht zu verhungern und bei Krankheit versorgt zu werden. Auch unsere Fortpflanzung wurde dadurch gesichert, denn damals brauchte es wirklich noch zwei Menschen, die miteinander Sex hatten, damit ein Kind entsteht.

DER VERSTAND IST SCHNELLER ALS DIE SEELE

Die Welt hat sich verändert und verändert sich weiter, bereits in dem Moment, in dem Sie diese Zeilen lesen. Unsere Seele hat die Schnelllebigkeit unserer Zeit und ihre Veränderungen noch nicht ganz begriffen. Sie hat den Übergang vom Kramladen zum Supermarkt, von der Telefonzelle zum Handy, vom Brief zur E-Mail noch nicht geschafft. Sie ist langsamer als unser Verstand. Somit ist ein Teil von uns von alten Bedürfnissen und Sehnsüchten geprägt und ein anderer längst damit vertraut, in dem neuen Tempo und mit den neuen Maßstäben zu leben. Unsere Seele ist noch immer nur halb im Hier und Jetzt und hält trotz modernem und besserem Wissen an guten, alten Zeiten fest.

Die Seele sucht nach:

- einem Lächeln,
- einem freundlichen Blick in die Augen,
- einem warmen Tonfall in der Stimme,
- einem angenehmen Händedruck,
- einer ernst gemeinten Frage,
- einer Antwort, die man glauben kann.

Fast könnte man sagen, es ist das Prinzip Mensch oder besser: Menschlichkeit, reduziert auf diese wenigen Begegnungsmomente. Bekommen wir diese von einem anderen Menschen vermittelt, fühlen wir uns angenommen und wohl. Wir wissen dann, dass wir nicht allein auf dieser Welt sind. Es gibt jemanden, der vor uns steht und der bereit ist, mit uns zu teilen.

WERTSCHÄTZUNG MACHT GLÜCKLICH

Es ist eine Tatsache, dass Menschen immer andere Menschen brauchen und dass es Menschen glücklich macht, wenn sie spüren können, dass sie wertvoll sind. Egal in welcher Lebenssituation – ob als Chef, Mitarbeiter, Geschäftspartner oder Kollege, Kunde oder Dienstleister –, man möchte immer als Mensch wahrgenommen werden. Als Mensch, der respektiert und geachtet wird, der ernst genommen wird und dem man glauben und vertrauen kann. Vertrauenswürdigkeit schafft Offenheit beim Gegenüber und offene Ohren für die eigenen Anliegen. »Er soll ehrlich und zuverlässig sein«, liest man manchmal in Kontaktanzeigen. Oder »Sie soll treu sein und mir zur Seite stehen«. Das sind Grundbedürfnisse, die weit über Kontaktanzeigen hinaus Gültigkeit haben.

ES SIND DIE GRUNDWERTE, DIE WIR MENSCHEN BRAUCHEN, DAMIT WIR UNS WOHLFÜHLEN UND GERNE MIT ANDEREN MENSCHEN ZUSAMMEN SIND.

Mein Freund Martin verkauft keine faulen Maroni und keine faulen Sprüche. Er meint es ehrlich und sei es nur, für diesen einen Augenblick. Er ist bei seinen Kunden, immer in der Dosierung, die es gerade braucht. Wie auch Sie diese richtige Dosierung entwickeln können, werden wir noch ausführlich betrachten. Doch zunächst möchte ich Ihnen Martin genauer vorstellen.

MEIN FREUND MARTIN

VON VORBILDERN LERNEN

Wie es geht, in kürzester Zeit Sympathien und Aufmerksamkeit zu gewinnen, um dadurch Pläne und Projekte leichter zu realisieren, können wir uns auch von anderen Menschen abschauen. Ich habe es vor allem von meinem alten Klassenkameraden Martin gelernt: Er hat eine besondere Gabe, auf Menschen zuzugehen und diese für sich einzunehmen.

Ist Martin ein Naturtalent? Ich glaube nicht. Wenn ich mich recht erinnere, war auch er im Teenageralter nicht gerade gesprächsfreudig. Doch mit den Jahren verwandelte sich Martin vom grauen Spatz zu einem Menschen, der andere in seinen Bann ziehen und faszinieren konnte. Fast selbstverständlich wurde einer seiner Semesterferienjobs später seine Berufung und ist heute ein kleines Unternehmen, das Martin, seine Familie und seine Mitarbeiter bestens ernährt. Eigentlich hat Martin ein kleines Catering-Unternehmen, aber hauptsächlich verdient er sein Geld im Herbst und Winter, dann, wenn er auf dem Weihnachtsmarkt Maroni verkauft. Martin ist *der* Maroni-Mann. Er hat einen alten Bollerofen mit einem langen Ofenrohr, einen Hut auf dem Kopf, eine Felljacke um die Schultern und einen Sack Maronen. Sein Ofen glüht und qualmt und der ganze Stand ist in eine Duftwolke gehüllt. Immer mal wieder ist zu hören, wie er mit lauter Stimme verkündet, was bei ihm zu haben ist: MARONI!

Hinter ihm hängt eine lange Wäscheleine, an der er kleine Päckchen und Bilder mit Wäscheklammern befestigt hat. Wenn er einen Kunden, ein Kind, eine Frau, besonders mag, dann dreht er sich um und verschenkt zu den Maronen noch ein Bild oder eine andere Kleinigkeit. Er spaziert dafür an seiner Leine entlang, legt den Kopf schief, und man sieht, dass er nachdenkt, um genau das richtige Bild oder Geschenk auszuwählen.

WIRKLICH »DA SEIN«

Keine Sekunde des Kontaktes ist beliebig. Immer agiert Martin hundertprozentig individuell. Stand, Bollerofen, Hut, Jacke,

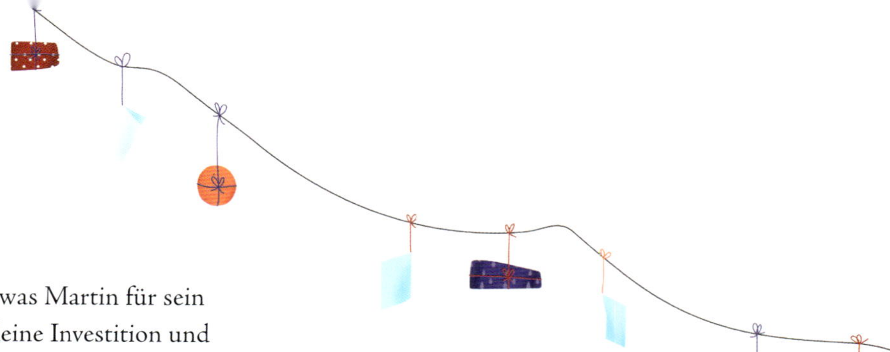

Leine – das ist alles, was Martin für sein Geschäft braucht. Kleine Investition und große Wirkung. Stimmt noch nicht ganz. Martin bringt noch verschiedene andere »Sachen« mit. Zum Beispiel das Blitzen seiner Augen, seinen freundlichen Blick, sein Lächeln, seine Stimme, seine Mimik und seine rußigen Hände, mit denen er die Maronen in selbst gefaltete Papiertüten füllt, die er seinen Kunden in die Hand drückt. Das ergibt ein rundes Bild, über das niemand misstrauisch nachdenkt, der ihn erlebt.
Nichts verläuft in diesem Verkaufsvorgang abgespult.

Martin ist immer präsent, ganz da, und voller Liebe für das, was er tut.

ANDERE FÜR SICH ÖFFNEN UND IN ERINNERUNG BLEIBEN

Wenn die Kunden vor ihm stehen, dann sieht er nicht durch sie hindurch, sondern er nimmt sie ernst. Martin *meint* die Menschen. Wenn er seinen Kunden die Tüten mit Maroni in die Hand drückt, dann packt er ihnen ein bisschen Herz dazu und Atmosphäre und Stimmung und überhaupt so ein Zipfelchen von sich selbst. Und die Menschen kommen immer wieder, denn es ist so schön, »gemeint« zu sein und nicht wie ein Geldbeutel auf zwei Beinen behandelt zu werden.
Große Unternehmen nennen das Kundenbeziehungsmanagement und geben viel Geld dafür aus, um es zu »implementieren« – Martin hat es im Blut. Er weiß, wie man sein Gegenüber wahrnehmen kann und so behandelt, dass man als Mensch in Erinnerung bleibt und immer wieder erkannt, gemocht und auserwählt wird. Deswegen wird uns Martin auch weiter durch das Buch begleiten, denn er ist ein hervorragendes Beispiel und Vorbild, wenn Sie erfahren möchten, was man tun muss, damit Menschen sich einem öffnen und gerne wiederkommen.

SICH SELBST UND ANDERE WAHRNEHMEN

Hatten Sie schon einmal einen Notfall, bei dem Sie sich nicht selbst weiterhelfen konnten? Das muss gar nichts Dramatisches gewesen sein. Doch sicher kennen Sie das wohlige Gefühl, das einen überkommt, wenn man in so einer Situation tatsächlich MENSCHEN begegnet. Es ist hilfreich zu wissen, was andere sympathisch und menschlich macht, warum man sich in ihrer Gegenwart wohlfühlt, um sich etwas abschauen zu können oder um freudig festzustellen, dass man einiges schon selbst mitbringt.

Stellen Sie sich einen Moment lang vor, Ihr Kind ist vom Fahrrad gestürzt, die Knie sind aufgeschrammt und bluten, es weint. Was würden Sie sich von Ihrer Nachbarin, die zufällig vorbeikommt, wünschen? Was täte Ihnen in einer solchen Situation gut?

Achten Sie eine Woche lang jeden Tag einmal darauf, in welchen Alltagssituationen mit Menschen, die Sie nicht besonders gut kennen, Sie sich besonders wohlfühlen. Was ist es, was Ihnen im Umgang mit ihnen guttut?

Was brauchen Sie, damit Sie gut gestimmt sind?

Was könnten Sie ihm von dem, was ihm Ihrer Meinung nach guttun würde, geben?

Nehmen Sie sich vor, in einer Alltagssituation, zum Beispiel am Arbeitsplatz, einen Menschen besonders wahrzunehmen. Gehen Sie einen Moment lang weg von Ihren eigenen Bedürfnissen und Befindlichkeiten und schauen Sie genau hin: Wie ist seine Körperhaltung, was strahlt er aus? Wie könnte es ihm gehen, welche Bedürfnisse könnte er haben und was würde ihm guttun?

Oft neigen wir dazu, Situationen und Menschen aus Selbstschutz negativ zu bewerten. Versuchen Sie heute, in kleinen Alltagssituationen einfach nur zur Kenntnis zu nehmen, was da gerade passiert, und dann erst zu bewerten. War es noch wichtig, ein Urteil zu fällen oder konnten Sie völlig unvoreingenommen in der Situation handeln?

ANDERE MENSCHEN EINSCHÄTZEN LERNEN

Viel von einer geglückten Kommunikation ist davon abhängig, ob Sie Ihre Sinne dafür schulen, wie Ihr Gegenüber gerade gestimmt ist, bis hin, in welcher Situation er sich gerade befindet. Die Gunst der richtigen Stunde hat auch viel mit der Gunst der richtigen Stimmung zu tun. Die meisten Menschen schätzen es, wenn sie feststellen, dass sich ihr Gegenüber fein auf sie einschwingt. Ganz besonders dann, wenn sie selbst von dem Kontaktsuchenden in erster Linie gar nichts »wollen«.

Wenn Sie auf einen anderen Menschen zugehen, um ihn für sich zu gewinnen, dann sind Sie die aktive Kraft in der Begegnung. Selbst wenn Sie sich nur in der Menge »herumdrücken« und den richtigen Moment abwarten, um Kontakt aufzunehmen, nimmt Sie der Mensch wahr, den Sie gerade nicht anzusprechen wagen. Das heißt Sharking: Manche Menschen, die Kontakt suchen, kreisen um das »Objekt ihrer Begierde« herum wie ein Hai um einen Windsurfer.
Dass so ein Verhalten weder sympathisch noch Vertrauen erweckend wirkt, liegt auf der Hand. Einfach auf »das Opfer« loszupreschen, ist jedoch auch nicht besser. Aber es gibt genug Nuancen zwischen »Sharking« und »Angriff«. Bei Menschen, die einem wichtig oder interessant erscheinen, ist es sehr hilfreich, sich erst einmal einzuschwingen. Erfühlen Sie also, wie Ihr Gegenüber gerade »drauf« ist, ohne es zu belauern, ehe Sie Ihr Anliegen vortragen.

NEHMEN SIE SICH ZURÜCK

Nicht lange, aber wenigstens ein paar Sekunden. Bis Sie wissen, wie und wann Sie diesen Kontakt am besten anpacken. Für manche Menschen sind gerade diese paar Sekunden eine Tortur. Sie wollen loslegen und sind begierig zu schauen, ob sich das auch verwirklichen lässt, was sie im Sinn haben und bereits in Gedanken tragen. Diese Menschen drehen sich dann um sich selbst und nehmen nicht wahr, wie es dem anderen gerade geht. Die eigenen Bedürfnisse und Wünsche zurückzuhalten und sich dem Gegenüber wirklich zuzuwenden ist aber wichtig, wenn man es für sich gewinnen möchte.

Der Mediziner und Neurobiologe Joachim Bauer hat dafür ein schönes Bild gefunden: Jede Beziehung sollte ein zweispuriger Weg sein. Es gibt eine Fahrspur, das ist unsere eigene, die wir verfolgen. Dazu gehört auch, dass wir als Person erkennbar sind und uns bemühen, verstanden zu werden. Und dann gibt es die Gegenspur. Wir müssen unser Gegenüber im Auge behalten, auf es achtgeben und uns für es interessieren. Im Idealfall sind die beiden Spuren gleich breit.

UM WELCHE EINSCHÄTZUNG GEHT ES?

Nun, Sie müssen wirklich niemandem an der Nasenspitze ablesen, ob er gerade Stress mit seinem Gartennachbarn, oder der Sohn schon wieder eine Delle ins neue Auto gefahren hat. Es geht vielmehr darum, ein Gefühl dafür zu bekommen, in welcher Situation, in welcher Stimmung und in welcher Haltung mein Gegenüber sich gerade befindet.
Was dann für ein Gespräch unabdingbar wichtig ist, ist Ihre Einschätzung, ob der andere Mensch

- gerade an einem Gespräch interessiert oder desinteressiert ist,
- Zeit hat oder unter Zeitdruck steht,
- sich gerade mit anderen Personen lieber unterhalten würde,
- nervös ist,
- abgespannt ist,
- müde ist,
- gelangweilt ist,
- unsicher oder sicher ist.

Kurzum, Sie müssen herausfinden, ob Ihr Kontaktbedürfnis beim Gegenüber auf Resonanz stoßen könnte und ob Ihr Anliegen im Moment gerade »passt«.

SO GELINGT DIE KONTAKTAUFNAHME

Praxistipps

Normalerweise haben wir es – ganz unkompliziert – im Gefühl, ob jemand für uns bereit ist oder nicht. Doch manchmal ist unser eigener Wunsch nach Kontaktaufnahme so stark, dass wir drängen, auf uns bezogen sind und dem anderen nicht die Zeit und den Raum geben, die er bräuchte. Sich auf andere Menschen einzustimmen bedeutet immer wieder und aufs Neue, von sich selbst zu lassen und einen Schritt zurückzutreten.

★ Versuchen Sie, Ihre eigenen Wünsche und Bedürfnisse zu kontrollieren und zurückzuhalten. Stürmen Sie also nicht los, sondern schalten Sie einen Gang zurück und betrachten Sie für einen Moment die Situation etwas distanziert, dann holen Sie sich auch keine Abfuhr.

★ Sie können davon ausgehen, dass Sie das meiste in der Mimik und Körpersprache des Menschen, mit dem Sie in Kontakt gehen wollen, ablesen können. Noch bevor ein Satz gesprochen wird. Ob Ihr Gegenüber offen für einen Kontakt ist erkennen Sie

- am Blick (offen/vermeidet Blickkontakt),
- an der Schnelligkeit der Schritte (schlendert/rennt förmlich),
- im Stehen an der Körperhaltung (Schultern, Arme hängen locker/Schultern hochgezogen/Arme vor der Brust verschränkt),
- an der Stirn (entspannt/gerunzelt),
- am Mund (entspannt, lächelnd/verkniffen),
- kurz: an der gesamten Ent- oder Anspannung von Gesicht und Körper.

★ Wenn Sie unsicher sind und die Situation nicht richtig einschätzen können, weil sich der Mensch, mit dem Sie in Kontakt treten wollen, mal reserviert und dann gleich wieder offen und aufgeräumt verhält, bleiben Sie einen Moment in der Nähe und beobachten Sie, wie er auf andere Menschen reagiert, die ihn oder sie gerade ansprechen.

»——› Lächelt er?
»——› Ist sie freundlich?
»——› Bekommen die Gesprächspartner Auskunft oder nur ein paar Wortbrocken hingeworfen? Indem Sie auf all das achten, können Sie herausfinden, ob der Moment günstig ist oder nicht.

★ Möchten Sie den Kontakt mit einem potenziellen Gesprächspartner auf einer Tagung oder nach einem Vortrag knüpfen, achten Sie darauf,
»——› ob er angespannt wirkt, vielleicht alle paar Minuten auf die Uhr blickt oder auf den Ausgang schielt,
»——› ob es andere Menschen gibt, die ihm die Hand schütteln wollen (und die ihm vielleicht wichtig sind),
»——› ob er Bücher signieren möchte,
»——› ob er sich gerade mit einem Bekannten in einem persönlichen Gespräch befindet,
»——› ob das Gespräch mit seinem letzten Gesprächspartner besonders intensiv war und er jetzt kein offenes Ohr mehr für weitere hat.

★ Wenn Sie auf einer Messe Kontakt knüpfen möchten, müssen Sie damit rechnen, dass das Gespräch permanent unterbrochen wird, weil ständig jemand anderes dazwischen grätscht und Sie beide stört. Deshalb sollten Sie neben allen anderen Bedingungen überprüfen, ob Ihre Beweggründe just in diesem Moment auch den anderen bewegen können. Fragen Sie sich:
»——› Ist es der richtige Zeitpunkt für mein Anliegen?
»——› Wie ist die »Betriebstemperatur« meines Ansprechpartners?
»——› Welche Brücke kann ich zwischen mir und ihm schlagen?
»——› Wo sind Anknüpfungspunkte zwischen meinem Anliegen und seiner Geschichte?
»——› Welches sind die verbindenden Elemente, die eine Kontaktaufnahme erleichtern könnten?

Martin steht auf dem Weihnachtsmarkt oft vor seinem Bollerofen und lässt seinen Blick über das Geschehen schweifen. Wie ist die Stimmung auf dem Markt? Laufen die Menschen hektisch oder lassen sie sich Zeit? Auch auf einem Weihnachtsmarkt ist kein Tag wie der andere. Martin fühlt sich in die Situation hinein, er holt die Menschen in ihrer Stimmung ab und führt sie dahin, wo er sie haben möchte. Oder er lässt sie einfach in Ruhe.

WAS, WENN SIE IN KONTAKT KOMMEN MÜSSEN?

Sie kennen sicher die Visitenkarten, die einem nach einem Treffen wieder in die Hände fallen und unangenehme Gedanken und Gefühle in einem aufkommen lassen. Unschöne Bilder tauchen auf und wir bekommen das, was man einen schalen Geschmack im Mund nennt. Was macht man mit diesen Karten? Wir werfen sie (und die unschöne Erinnerung) weg und hoffen, dass sich dieser Mensch niemals bei uns meldet. In diesem Fall ist zwar noch nicht die ganze Milch verschüttet, aber der Milchfleck auf dem Tisch ist unübersehbar.

WICHTIG: MUT UND FEINGEFÜHL

Kontaktaufnahmen, die derart schiefgelaufen sind, brauchen viel Liebe und Mühe, damit sie wieder ins Lot kommen können. Deswegen fädeln Sie wichtige Projekte lieber sehr sorgsam ein. Wenn Martin auf seinem Weihnachtsmarkt im Blick der Besucher das Signal »Bitte nicht« oder »Lass mich bitte in Ruhe« empfängt, lässt er den anderen weitergehen. Lieber kein Kontakt als einen schlechten. Und in der Konsequenz eine Abfuhr. Nun, Sie sind nicht Martin und haben vielleicht nicht die Freiheit oder auch nicht die Wahl, ob Sie mit bestimmten Menschen in Kontakt kommen möchten. In dem Fall ist es günstig nachzufragen:

- Entschuldigen Sie bitte … Passt es gerade? Ich würde Sie gerne einmal kurz sprechen.«
- »Ich habe den Eindruck, dass es nicht gerade der günstigste Moment ist, dürfte ich Sie dennoch für einen Augenblick sprechen?«
- »Ich möchte nicht unhöflich sein, aber dürfte ich Sie kurz ansprechen?«

Das Wörtchen »kurz« ist hier das wichtige Signal. Und, dass Sie thematisierten, dass Sie begriffen haben, dass der Moment nicht hundertprozentig passt. Sie haben es gesagt und damit deutlich gemacht, dass Sie Feingefühl besitzen. Offenbar haben Sie in diesem Moment keine andere Möglichkeit. Wenn Sie Ihr Bedürfnis aber so formulieren, dann bekommt das der andere mit, und ganz sicher kennt er diese Situationen auch, dass man lieber warten würde, aber leider nicht warten kann.

Zeigen Sie sich also freundlich, aber beherzt. In der Regel beißen Menschen nicht, wenn man sie nicht reizt.

POSITIV IN ERINNERUNG BLEIBEN

Sie sollten nun aber unbedingt erspüren, ob der andere tatsächlich aufgemacht hat und sich auf Sie einlassen kann oder ob er das Wörtchen »kurz« sehr wörtlich nimmt. Nicht, dass Sie in letzterem Fall vor lauter Begeisterung über eine freundliche Antwort nun doch Ihr gesamtes Anliegen in Länge und Breite vorzutragen versuchen. Es kommt also wieder darauf an, die Situation genau und taktvoll zu erfühlen. Denken Sie daran: Selbst wenn der Kontakt mit dem anderen nur ganz kurz ist, kann er weiter führen, wenn Sie bei Ihrem Gegenüber in positiver Erinnerung bleiben und er gerne an die Begegnung zurückdenkt. Schenken Sie ihm also ein Lächeln und einen offenen Blick, schwingen Sie sich auf ihn ein, vielleicht gibt es einen gemeinsamen Bekannten, eine andere Gemeinsamkeit, eine kleine Anekdote, die zur Situation und Ihrem Anliegen passt? Selbst, wenn in der Kürze der Zeit für nichts derartiges Raum ist, bleiben Sie dem Gesprächspartner zumindest angenehm als nicht aufdringlich in Erinnerung.
Wichtig ist in diesem Fall auch, dass Sie eine Visitenkarte haben, die aussagekräftig ist, und dass Sie auf eine erneute spätere Kontaktaufnahme hinweisen. Was Sie gerade getan haben, hat Ihnen die Tür geöffnet. Eintreten können Sie dann später, zu einem passenden Zeitpunkt, wenn man Sie gerne hereinbittet.

Zu einem Kontakt gehören immer mindestens zwei Personen. Es ist wichtig, die derzeitige Befindlichkeit und Situation des Menschen, mit dem Sie in Kontakt gehen möchten, zu erspüren. Vielleicht hat er gerade Verpflichtungen oder ist auf andere Dinge fokussiert. Oder er hat Lampenfieber, weil er gleich einen Vortrag halten muss. Nehmen Sie eine ablehnende Haltung nie persönlich, seien Sie freundlich und im Idealfall authentisch (siehe nächste Seite), dann kann nicht viel schiefgehen.

ECHT AUTHENTISCH!

Da steht Ihnen ein Mensch gegenüber und spricht mit Ihnen. Sie hören ihm zu, schauen ihm dabei in die Augen und fühlen sich wohl. Sie müssen nicht weiter darüber nachdenken, ob Ihr Gesprächspartner über die Worte hinaus noch weitere Botschaften vermitteln will, ob er Hintergedanken hat. Es ist nicht nötig, nach dem Text zwischen den Zeilen zu suchen. Sie müssen nicht raten, deuten, grübeln, sondern Sie können Ihr Gegenüber eins zu eins wahr- und ernst nehmen. Ein Ja ist ein Ja, ein Nein ein Nein und kein verstecktes »Fiesback«, keine geheime Rache oder eine kleine Bosheit.

Ein authentisch wirkender Mensch kommt echt, unverbogen und ungekünstelt rüber. Er ist glaubwürdig und man glaubt ihm gerne. Was er sagt, hat Stimmigkeit, und seine Körpersprache erzählt keine anderen Geschichten als die Worte, die er spricht. Das wird als sehr wohltuend erlebt. Besonders in unserer Zeit, die von PR, Selbst-PR, Werbung und mehr von Schein als vom Sein geprägt ist. Viele Menschen sind ständig auf der Hut. Kann man glauben, was da eben gesagt wurde? Ist ein Wort noch ein Wort oder bei näherem Nachfragen doch nur eine Worthülse?

BESCHÖNIGUNGEN SIND UNNÖTIG

Authentische Menschen sind nicht nur glaubwürdig, sondern auch verlässlich und das in jeder Beziehung. Was sie sagen, gilt, und sie brauchen keine Lügen, um sich oder eine Situation nach außen besser darzustellen. Es ist so, wie es ist. Punkt. Menschen, die »echt« sind, kennen die eigenen Schwächen und Stärken und finden es unnötig, Dinge zu beschönigen. Sie stehen zu ihren Fehlern, und deswegen dürfen auch ihre Mitmenschen Fehler machen. Das ist sympathisch und eine Einladung an das Gegenüber, sich auch »gerade heraus« zu geben.

Kein Wunder, dass authentische Menschen sehr beliebt sind. Man fühlt sich wohl in ihrer Nähe, entspannt und erlebt Vertrauen.

Und es ist auch kein Wunder, dass viele Menschen eine große Sehnsucht haben, natürlich, echt und authentisch zu wirken. Sie wollen diese Ruhe ausstrahlen, diese Selbstsicherheit und Glaubwürdigkeit.

SICH SELBST GUT EINSCHÄTZEN

Authentizität macht die Herzen auf, authentische Menschen rennen offene Türen ein. Wenn Sie authentisch sind, dann hören Ihnen die Menschen zu, selbst dann, wenn Sie nicht alle Fakten parat haben und nicht alle Fragen beantworten können. Eine Personalleiterin verriet mir einmal, dass sie mit Vorliebe die Menschen einstellt, die dazu stehen, dass ihnen zu manchen Themen der Zugang fehlt. »Das ist doch glaubwürdig«, meinte sie. »Wenn jemand sagt, er kann alles und ist an allem interessiert, dann werde ich misstrauisch und schaue mir die Bewerbung zweimal an.«
Offen einzugestehen, dass man etwas nicht kann oder besser noch nicht kann – besonders in einer Situation, in der man sich selbst präsentiert –, das zeugt von Selbstbewusstsein und menschlicher Größe. Dieser Mensch, denken sich andere, kann zu seinen Stärken und Schwächen stehen. Ohne, dass darüber gesprochen wird, ist klar:

WER WEIß, WAS ER NICHT KANN, DER WEIß AUCH, WAS ER KANN.

Er kann sich einschätzen und das ist sehr hilfreich. Das spart Zeit und viel Rätselraten. Aber auch, wenn es erst einmal um nichts geht, sind authentische Menschen ein absoluter Genuss in der Begegnung.

Authentisch sein heißt:
→ Die Stimme dieses Menschen ist wohlklingend,
→ der Blick ist direkt und klar,
→ das Lächeln erreicht auch die Augen,
→ der Händedruck ist nicht zu fest und nicht zu locker,
→ das Gefühl, das vermittelt wird, ist wohlwollend.

KANN MAN ECHTHEIT LERNEN?

Wir alle sind echt und bringen Echtheit ins Leben mit. Kinder zeigen noch eins zu eins, was sie bewegt. Ihre Gefühle sind klar abzulesen und man spürt sofort, ob sie jemanden mögen oder nicht. Kurzum: sie sind »unverstellt«.

Wir können uns aber nicht wie Kinder verhalten, mag es auch noch so echt und authentisch sein. Kinder lieben und hassen, aber sie tun dies unreflektiert. Genau das macht den Unterschied zwischen einem Erwachsenen und einem Kind aus. Wir können nachdenken, abwägen und reflektieren, warum manche Menschen uns liegen oder nicht. In der Reflexion liegt auch die Chance, uns Menschen zuzuwenden, die wir vielleicht erst einmal nicht mögen, oder Situationen für uns zu nutzen, die uns als gute Gelegenheit erscheinen, obwohl sie auf den ersten Blick kompliziert sind. Mit der Reflexion, dem Abwägen von guten und schlechten Aspekten kommt dann oft das Kalkül, die Sorge, das Optimum für sich aus einer Situation herauszuholen. Das führt dazu, dass uns manchmal unser natürliches und authentisches Verhalten abhandenkommt. Die Anfänge dieser Form von Hemmung liegen oft in der Schulzeit.

Das Kind, das eben noch geliebt wurde, allein, weil es Kind ist, darf nicht mehr einfach nur *sein*, sondern muss sich nun beweisen und zeigen, dass es etwas *hat* oder *kann*, um geliebt zu werden. Der Mensch beginnt sich zu verstellen, »gibt an«, zeigt seine »Schokoladenseiten« und versucht, seine »negativen« Aspekte zu verbergen. Je stärker dieses Verhalten ausgeprägt ist, desto unechter werden viele Menschen. Es kostet schließlich auch Kraft, ständig Versteck zu spielen. Dahinter steckt natürlich die Angst, so, wie man ist, von anderen Menschen nicht akzeptiert zu werden.

DIE EIGENE AUTHENTIZITÄT WIEDERENTDECKEN

Auf der Suche nach der Authentizität gilt es also, den Weg zurückzugehen. Zu dem Moment, an dem wir unbewusst entschieden haben, eine Sahneschicht mehr auf den trockenen Mürbeboden unserer Persönlichkeit zu legen. Ohne darüber nachzudenken und zu fühlen, ob der Mürbeteig nicht schon wunderbar ist. Sahne gibt es überall auf der Welt! »Warum trägt der nur so dick auf?«, fragen sich dann andere Menschen. Oder »Was hat er denn? Irgendwie werde ich das Gefühl nicht los, dass er nie ganz echt ist.« Und schon sind Misstrauen und Vorbehalte da!

Sie können also Authentizität in dem Sinn nicht lernen, sondern nur wiederherstellen.

In Ihrem tiefsten Innersten sind Sie nämlich bereits authentisch. Sie haben in letzter Zeit vielleicht nur ein wenig zu viel Buttercreme auf Ihr Verhalten gelegt, um von außen die Bestätigung zu bekommen, die Sie sich wahrscheinlich selbst vorenthalten.

Martin ist ein Mensch, der sich und anderen nichts vormacht, obwohl er ein Kostüm trägt und eine Illusion dadurch vermittelt. Die Illusion ist stimmig, weil Martin stimmig ist und weil die Illusion ein Teil seiner Persönlichkeit ist. Er wird zu keinem anderen Menschen, wenn er seinen Hut abnimmt. Am Abend ist er zu Freunden und Familie genauso herzlich wie zu den Besuchern des Weihnachtsmarktes. Es strengt ihn nicht an, denn zu jeder Minute gibt er das, was er hat, und teilt das auch noch gerne.

Authentizität und Teilen hängen eng zusammen. Sind wir echt, geben wir Einblick, teilen uns mit oder teilen Situationen mit anderen Menschen. Damit geben wir ein Stückchen von uns weiter oder lassen uns ein bisschen in unsere Seele blicken. »Warum sollte ich mein Wesen nicht zeigen?«, fragen glaubwürdige Menschen. »Es ist doch kein Staatsgeheimnis! Außerdem kommt auch immer etwas zurück.«

Das GROSSE ist nicht
dies oder das zu sein,
sondern man SELBST
zu sein.
Sören Kierkegaard

MEHR UND MEHR SIE SELBST SEIN

Praxistipps

Machen Sie sich auf den Weg, Ihr authentisches Wesen (wie Dornröschen) zu wecken. Es braucht Mut dazu. Sie müssen vielleicht Drachen bekämpfen. Und Dornen gibt es allemal. Aber wenn Sie anfangen, sich selbst zu mögen, dann ist es zwar schön, von anderen gemocht zu werden, aber es ist nicht mehr so existenziell wichtig. Sie müssen dann nicht danach streben, sondern tragen dieses Wissen in sich. Bis sich dieses wunderbare Gefühl stabil eingestellt hat, helfen die folgenden Gedanken.

★ Schicken Sie den ständigen Kritiker und Besserwisser in sich fort, am besten auf Nimmerwiedersehen. Der innere Kritiker wird Ihnen permanent sagen, wie Natürlichkeit noch besser geht, und der Besserwisser gibt seinen Senf in der Art dazu, dass er Ihnen einredet, viel zu steif zu sein, um jemals so etwas wie Natürlichkeit auszustrahlen. Verbieten Sie diesen Halunken den Mund, denn auf dem Weg in die ureigene Natürlichkeit können Sie die Miesmacher als Gesellschafter nicht brauchen.

★ Haben Sie mit sich Geduld! Es ist noch kein Meister vom Himmel gefallen, und wenn Sie ein eher schüchterner Mensch sind, stellt jeder kleine Schritt nach vorn schon einen Erfolg dar, der wahrgenommen werden will.

★ Gönnen Sie sich mindestens zwei Fehler pro Woche, die Sie weder sich selbst vorwerfen oder vor sich selbst verleugnen, noch vor anderen zu verstecken versuchen. Erzählen Sie einfach offen davon. Und lernen Sie daraus!

★ Wenn Ihnen jemand eine Schwäche gesteht, so fühlen Sie einfach mit dem anderen und geben Sie keine Ratschläge.

★ Überprüfen Sie von Zeit zu Zeit, welche Verbindungen Sie weiter pflegen möchten und welche nicht. Je klarer Ihnen das ist, desto mehr Freude werden Sie daran haben, sich für die Menschen zu entscheiden, die zu Ihnen und in Ihr Leben passen. Je deutlicher Sie selbst wahrnehmen können (und dieser Wahrnehmung auch nachgehen), welche Menschen Sie treffen möchten und welche nicht, desto deutlicher wird die Qualität Ihrer Beziehungen. Das wirkt nach außen! Und zwar positiv und genau auf die Menschen, die Sie gerne als Freund oder in Ihren Kontakten hätten.

★ Sie dürfen sich gegen Kontakte entscheiden, zum Beispiel so: »Die Zeit ist so kurz. Ich möchte sie mit meiner Familie und meinen Freunden verbringen. Bitte entschuldige, wenn ich mich erst dann bei dir melde, wenn ich etwas Luft habe. Dann können wir uns gerne für eine Stunde treffen.« Bei dieser freundlichen Absage ist nicht nur klar, wer den Kontakt wieder aufnimmt, sondern auch, wie viel Zeit dafür gedacht ist.

★ Versuchen Sie, so oft wie möglich die Wahrheit zu sagen. Oft schwindeln wir aus Bequemlichkeit und nicht etwa, weil wir den anderen nicht verletzen wollen. Wägen Sie ab, ob ein ehrliches, offenes Wort nicht besser wäre, als Ihr Gegenüber, das ohnehin unterschwellig spürt, dass etwas nicht stimmt, ständig in Ungewissheit zu lassen (und selbst ein schlechtes Gewissen herumzuschleppen).

★ Machen Sie keine falschen Komplimente. Wenn Ihnen die neue Frisur Ihrer Kollegin nicht gefällt, sagen Sie lieber gar nichts.

★ Lachen Sie nicht, wenn Sie nicht lachen wollen.

★ Starten Sie in den Tag, indem Sie sich etwas Positives vor Augen halten und beispielsweise über sich, eine Facette Ihrer Persönlichkeit oder über eine geglückte Situation freuen.

★ Suchen Sie die Nähe zu Menschen, die Sie als wahrhaftig und authentisch erleben.

★ Loben Sie sich selbst – und zwar ehrlich und nicht abgespult.

★ Nehmen Sie Dinge und Erzählungen nicht mehr hin, sondern fragen Sie interessiert nach.

★ Zeigen Sie sich als Person, das heißt, seien Sie mit Körper, Geist und Seele bei Ihrem Gegenüber.

ZEIGEN SIE SICH – HIER UND JETZT

Wer einen Kontakt knüpfen möchte, der muss auch etwas von sich zeigen, sonst wirkt man indifferent. Ein Mensch, der sich nicht zeigt, verleitet andere Menschen dazu, darüber nachzudenken, »was los ist« und verführt nicht zum Hinhören. Aber das ist es doch, was Sie möchten. Sie wollen einen anderen Menschen dazu bringen, sich mit Ihnen zu unterhalten und Sie wünschen sich, in Erinnerung zu bleiben.

IN GUTER ERINNERUNG BLEIBEN

Ist Ihnen jemals ein Mensch in Erinnerung geblieben, der nur halb bei der Sache war oder so merkwürdig verdruckst oder verschämt? Ja? Natürlich bleiben einem diese Menschen in Erinnerung … aber in welcher! Es ist, als würde das Fragezeichen noch immer im Raum schweben, das sie hinterließen. Das ist nicht der Eindruck, den SIE hinterlassen wollen, davon gehe ich mal aus.
Begegnungen wirken immer dann nachhaltig, wenn wir ganz und gar »präsent« sind. Präsenz bedeutet, dass wir mit unserem Körper, unserem Geist und unserer Seele beim Gespräch und Gegenüber sind. Ohne »Hintergedanken«.
Wenn ein Mensch sich ganz und gar widmet, fällt dies immer auf und gibt Gesprächen die Tiefe, die sie benötigen, um nicht vergessen zu werden.
Dabei bleibt manchmal nicht mal der Inhalt haften. Aber Sie als Person tun es.

Da war jemand, der sich gezeigt hat. Mit seinen Gedanken, seiner Konzentration, seinen Fragen und seiner Körpersprache. Kurz: mit seiner Präsenz.

DAS MERKT DOCH NIEMAND, WENN ICH DENKE!

Denken Sie! Es fällt immer auf, wenn ein Mensch mit einem anderen spricht und gleichzeitig einen inneren Dialog mit sich führt. »Mit wem spricht er denn eigentlich?«, würde man sehr gerne fragen. Den inneren Dialog kann man Ihnen an den Augen und an der Mimik ablesen. Es ist nicht so, dass es andere Menschen so benennen, sie erkennen es oftmals nicht als Selbstgespräch, aber sie empfinden die Situation als »merkwürdig« und irgendwie »zerfasert«. Diese Einschätzung genügt, dass sich Ihr Gegenüber mehr Gedanken darüber macht, was Sie gerade denken, als zu registrieren, über was Sie beide gerade sprechen. Nun können Sie sich natürlich entrüsten: »Meine Güte, dann denke ich eben mal, ist doch auch egal.« Klar, jeder hat das Recht auch mal wegzudriften und nicht immer klar bei der Sache zu sein. Treffen Sie sich in der Öffentlichkeit, wird auch Ihr Gegenüber vermutlich nicht immer hundertprozentig präsent sein, sondern vielleicht über die Schulter anderen Menschen zunicken oder sogar mit Vorbeikommenden ein paar Worte wechseln. Sie können das nicht abstellen und erst recht nicht verbieten.

Was Sie aber durchaus können: auf Ihre eigene Präsenz ein Augenmerk haben. Sie ist das A & O für einen guten Kontakt. Wenn Sie zu 100 Prozent präsent sind, dann ist dies eine Einladung an Ihr Gegenüber, ebenso präsent zu sein. Sie schaffen damit die optimalen Bedingungen, um so auf andere Menschen zu wirken, dass diese Ihnen zugetan oder von Ihnen angetan sind. Sie können den falschen Zeitpunkt wählen und Sie können mit dem falschen Thema ein Gespräch beginnen. Alles schon passiert – doch Präsenz ist es, die bewirkt, dass man Ihnen weiter zuhört und Sie ernst nimmt. Stille Selbstgespräche sind deswegen hier fehl am Platz.

UNSERE INNEREN GESPRÄCHE

Genügt es nicht, dass da jemand vor uns steht? Müssen wir uns mit inneren Quasseleien die Zeit verderben? Zeit und Laune, denn dummerweise sind fast alle Selbstgespräche nicht sehr unterstützend. Umfragen haben ergeben, dass sich die meisten Menschen regelmäßig in ihren inneren Dialogen selbst »in die Pfanne hauen«. Sie sprechen mit sich in einer herabwürdigenden Weise und in einem Ton, den sie bei keinem Freund und keinem Fremden je anschlagen würden. Ein paar Beispiele gefällig?

- Was war denn das für eine ungeschickte Formulierung?!
- Dümmer geht's ja wohl nicht, ich kann einpacken!
- Das hast du ja mal wieder prima hingekriegt!
- Typisch – mir fällt überhaupt nichts mehr ein!
- Stimmt mit mir was nicht? Die schaut so seltsam.
- Bestimmt langweile ich.
- Sicher denken alle: Der ist aber doof.
- Ausgerechnet heute sehe ich wieder so blöd aus!

SELBSTGESPRÄCHE VERHINDERN ECHTEN KONTAKT

Egal ob Männer oder Frauen, die Tendenz sich selbst niederzumachen, ist weit verbreitet. Wenn Sie aber mit sich reden und dann auch noch in dieser Art und Weise, dann ist eines sicher: Das Gespräch kann Ihnen nicht gelingen. Nicht einmal, weil Sie dadurch unsicher wirken, sondern eher, weil beinahe zwei Drittel Ihrer Energie nach innen gerichtet sind. Ihr Gegenüber steht aber vor Ihnen. Und genau für dieses Gespräch, auf das Sie vielleicht hingearbeitet oder dem Sie entgegengefiebert haben, haben Sie nun weniger als die Hälfte Ihrer Energie übrig!

Stellen Sie sich einen Martin vor, wie er Ihnen eine Tüte hinhält und gleichzeitig abwesend über Ihre Schulter schaut und dabei denkt, was für ein mieser Verkäufer er doch ist und dass Sie sicher viel lieber an einem anderen Stand einkaufen würden. Nun? Haben Sie es gespürt? Bemerken Sie, wie einem allein bei der Vorstellung von solch einer Art von Begegnung die Lust auf Maronen und ein Gespräch mit Martin vergeht? Aber auch, wie man sich als Kunde nicht mehr wichtig und ernst genommen fühlt? Da steht jemand und spricht. Das können Sie an den Mundbewegungen und spürbaren Schallwellen gut erkennen. Aber Sie sind nicht mit diesem Menschen in Kontakt, denn er ist viel zu sehr beschäftigt, und zwar mit sich selbst.

WIE LASSEN SICH INNERE GESPRÄCHE VERMEIDEN?

Die Gedanken sind frei, aber manchmal ist es notwendig, diesen autonomen Teil in unserem Gehirn, der wie ein ungezogenes Kind macht, was er will, an die Leine zu legen. In der buddhistischen Philosophie werden Gedanken längst nicht so wichtig genommen. Sie werden dort mit einer *wilden Affenherde* verglichen, die durch den Kopf springt. Sie wollen nun also Ihre Affenherde bändigen, weil herumspringende Affen einfach nicht sehr unterstützend sind, wenn Sie ein Gespräch führen wollen?

Der erste Schritt liegt darin, dass Sie die Affen überhaupt bemerken. Sie müssen sie wahrnehmen. Und zwar nicht so, dass Sie miteinsteigen, sondern in einer achtsamen Art und Weise. Etwa mit einem Tonfall wie: »Aha, da ist Besuch!« oder »Upps, da ist ja noch jemand in der Leitung.«

Im zweiten Schritt weisen Sie diesen Gedanken die Tür. Auch das funktioniert meist leichter als angenommen. Sagen Sie: »Stopp!«, »Schluss!«, »Ruhe!«. Hinter jedem Wort steht übrigens ein Ausrufezeichen, weil Sie eine gewisse Entschlossenheit in Ihre Stimme legen sollten, auch wenn diese still und nur in Gedanken vorhanden ist. Wenn Sie Ihre Befehle halbherzig geben, dann werden die Affen eher noch lauter.

Natürlich gibt es auch Gedanken, die haben eine Berechtigung und wollen sich nicht so einfach das Wort verbieten lassen. Nur ist eben der Zeitpunkt für ihr Auftreten nicht der richtige, denn Sie sind ja gerade mitten im Gespräch. Sagen Sie zu diesen Gedanken also: »Später« oder »Gleich nach dem Gespräch denke ich darüber nach!« So nehmen Sie ihnen die Dringlichkeit und besänftigen Ihren Geist. Dann lenken Sie Ihre Aufmerksamkeit wieder zum Gesprächspartmer zurück. Sie werden sehen, dass das mit der Zeit wunderbar funktioniert!

ÜBEN SIE SICH IN PRÄSENZ

Übung

Die meiste Zeit verbringen wir gedanklich in der Vergangenheit oder in der Zukunft. Aber es gibt nur eine Zeit, in der wir leben: die Gegenwart, das Präsens. Und nur wenn wir in der Gegenwart anwesend sind, sind wir »voll da« und kommen auch voll zur Wirkung. Das können wir üben:

→ Nehmen Sie sich über den Tag verteilt immer mal wieder ein Geräusch vor, und lauschen Sie diesem ganz bewusst. Dabei ist nicht entscheidend, ob es sich um das Ticken der Uhr, das Zwitschern von Vögeln oder das Rauschen des Verkehrs vor dem Fenster handelt. Einfach kurz innehalten, ruhig atmen, lauschen – um dann wieder das fortzusetzen, was Sie gerade tun.

→ Betrachten Sie von Zeit zu Zeit einen Gegenstand ganz bewusst. Das kann der Kugelschreiber in Ihrem Stiftehalter sein, eine Vase auf Ihrem Schrank oder das Buch, das Sie gerade lesen. Schauen Sie sich den Gegenstand an, als ob Sie noch nie etwas so Exotisches gesehen hätten. Wie ist die Oberfläche beschaffen, die Farbe, die Form? Versuchen Sie, jedes noch so kleine Detail daran wahrzunehmen.

Wenn Sie solchermaßen lauschen oder betrachten, bringt Sie das ganz in die Gegenwart, denn Sie konzentrieren sich hundertprozentig auf das, was gerade ist. Denken Sie einmal daran, wie eine Katze vor einem Gebüsch sitzt, in dem sie eine Maus vermutet. Wie konzentriert und wie anwesend sie ist. Je öfter und länger Sie diese Übungen machen, umso selbstverständlicher wird es für Sie werden, ganz da zu sein bzw. sich immer wieder in die Gegenwart zurückzuholen.

IN DEN BAUCH ATMEN

Übung

Bewusstes Atmen kann Sie ganz ins Jetzt bringen und darüber hinaus ein wohliges, warmes Gefühl auslösen. Das ist besonders dann hilfreich, wenn Sie sich schwertun, aus negativen Selbstgesprächen auszusteigen.

→ Konzentrieren Sie sich häufiger am Tag auf Ihren Atem, das geht auch im Büro oder im Bus. Setzen Sie sich dazu aufrecht hin und nehmen Sie wahr, wie der Atem durch die Nase in den Körper hereinströmt.

→ Legen Sie eine Hand auf den Bauch und fühlen Sie, wie Ihr Atem dort ankommt. Achten Sie auf das Heben und Senken Ihres Bauchs. Erzwingen Sie dabei nichts. Versuchen Sie einfach nur, Ihren Atem strömen zu lassen und ihn genau zu spüren: Heben, Senken – Heben, Senken.

→ Gedanken, die Ihre Aufmerksamkeit vom Atem weglocken wollen, registrieren Sie kurz, indem Sie sich sagen »denken«. Dann schicken Sie sie weiter wie Blätter auf einem Fluss und kommen wieder zum Atem zurück.

→ Indem Sie üben, mit Ihrer Aufmerksamkeit bewusst beim Atem zu bleiben, gelingt es Ihnen mit der Zeit immer besser, bei sich zu sein.

→ Sie können zum Abschluss Ihrer kleinen Atemmeditation auch beide Hände auf den Bauch legen und sich vorstellen, wie mit dem Atem warmes, sonniges Licht in Ihre Mitte strömt. Stellen Sie sich vor, wie sich das warme Licht – vom Bauch ausgehend – in Ihrem ganzen Körper verteilt. Merken Sie, wie Sie dabei lächeln müssen?

Vielleicht richten Sie sich auf Ihrem Smartphone einen kleinen Achtsamkeitswecker ein, der Sie durch einen sanften Ton öfter am Tag an diese Atemübung erinnert?

SCHRITT FÜR SCHRITT ZUM BESSEREN KONTAKT

1

Wirklich wahrnehmen

Menschen wollen mit allem, was sie sind, wahrgenommen werden. Auch noch so sachliche Angelegenheiten werden letztlich auf Gefühlsschienen transportiert. Deshalb ist es wichtig, über Hierarchien, Formalitäten und besondere Umstände hinaus unser Gegenüber als Mensch zu sehen und auf einer menschlichen Ebene zu kommunizieren.

2

Andere einschätzen lernen

Zu einer gelungenen Kontaktaufnahme gehört, sich selbst zurückzunehmen und den Menschen, mit dem man in Kontakt treten möchte, von da abzuholen, wo er sich befindet. Dazu ist es notwendig, genau und mit einer gewissen Neugier zu erforschen, wie seine derzeitige Befindlichkeit ist. Das lässt sich an der Körperhaltung, am Blick und der Art, wie er mit anderen spricht, ablesen.

3

Den Kontakt aufnehmen

Wenn sich die Kontaktaufnahme nicht aufschieben lässt, obwohl es gerade nicht passt, halten Sie sich kurz und versuchen Sie, sympathisch und positiv in Erinnerung zu bleiben. Ist die Tür einmal geöffnet, erhalten Sie zu einem günstigeren Zeitpunkt noch Gelegenheit, Ihr Anliegen vorzutragen.

4

Authentisch sein

Authentische Menschen wirken wie ruhende Pole, es ist wohltuend mit jemandem zusammen zu sein, der nichts vorgibt und dem man selbst nichts vormachen muss. Mehr müssen Sie gar nicht tun. Mit jedem Tag, an dem Sie ein weiteres Stückchen von sich selbst zeigen und lieben, werden Ihre Kontakte an Qualität gewinnen.

5

Ganz im Hier und Jetzt sein

Die Fähigkeit, in einer Situation präsent zu sein, ist eine der wichtigsten Grundlagen dafür, in Kontakt – auch mit sich selbst – zu kommen. Gespräche, die zu einem Ergebnis führen sollen, benötigen Ihre ganze Zuwendung. Halbherzige Gespräche sind fast schlimmer als gar keine. Schieben Sie lieber ein Gespräch auf, wenn Sie feststellen, dass Sie sich partout nicht konzentrieren können.

6

Liebevoller mit sich umgehen

Innere Gespräche sind wie Hamsterräder der heißen Luft, sie führen zu nichts. Oft ziehen sie einen herunter, demotivieren, machen klein, sagen uns, was alles nicht glücken wird. Machen Sie sich im Alltag immer wieder Ihre Stärken bewusst und sprechen Sie sich häufiger Mut zu. Und stoppen Sie aktiv Gedanken, die Sie von Ihrem Kontakt abzulenken versuchen.

Zweites Kapitel

Gut in Kontakt sein: Wie Sie in Beziehungen mehr überzeugen

In diesem Kapitel erfahren Sie

Wie Sie Souveränität erlangen
und warum sie guttut

Warum wir im Kopf behalten sollten,
dass jeder Mensch ein Unikat ist

Wie Sie eine gute Gesprächsatmosphäre
zaubern

Warum es ein Glücksfall für andere ist,
mit Ihnen zusammen zu sein

Was für eine gute Gesprächsführung
notwendig ist

LIEBLINGSWIRKUNG SOUVERÄNITÄT

Wenn ich Menschen frage, was sie sich in Situationen, »bei denen es darauf ankommt« – in fremder Umgebung, bei Vorträgen und Präsentationen, beim Flirten etc. –, am meisten für sich selbst wünschen, so höre ich oft: »Souveränität«. Menschen, die souverän sind, strahlen Sicherheit aus und reagieren gelassen, auch wenn es außen herum kracht und blitzt. Das macht Eindruck und zieht an! Doch nicht in jeder Lebenslage ist Souveränität gefragt und sympathisch. Es gibt Situationen, da braucht es Herzblut, Tränen und Seele. Wer möchte denn bei einer Hochzeit schon eine souveräne Braut neben sich haben? Oder Weihnachten im Familienkreis – dieses Jahr mal ganz souverän?

WANN IST SOUVERÄNITÄT GEFRAGT?

Souveränität ist wertvoll, wenn es darum geht, etwas zu verkaufen, zu präsentieren, ein Team zu führen, eine Besprechung zu moderieren oder wenn man ein Projekt platzieren möchte, bei dem es um Know-how geht. Mit Souveränität wirkt man nicht nur sicher, sondern gibt auch anderen Menschen Sicherheit. Die Botschaft der Souveränität lautet: Ich kenne mich aus.

Der erste Schritt zur Souveränität ist also der, sich auszukennen in dem, was Sie tun wollen. Es geht dabei nicht um Perfektion, sondern nur darum, in dem Thema zu Hause zu sein, das Sie vertreten möchten, oder das Sie verkaufen wollen. Sich mit etwas auszukennen bedeutet im Vorfeld, Mühe und Konzentration aufzuwenden, um sich das Wissen anzueignen. Man gibt sich einem Thema hin und wird sich dadurch dessen sicher. Das wollen aber viele Menschen nicht sehen. Sie würden am liebsten als Kaninchen in einem Zylinder verschwinden und als Löwe wieder auftauchen. Möglichst ohne Aufwand!

SOUVERÄNITÄT IST ERLERNBAR ...

... wenn auch nicht von heute auf morgen. Was können wir also tun, um sicherer zu werden?

- Versuchen Sie, mehr und mehr herauszufinden, was Sie alles gut können.
- Zeigen Sie Nachsicht (mit sich und anderen) in Bezug auf Fehler.
- Lächeln Sie, denn das schafft eine wohlwollende Ausstrahlung – nach innen und nach außen.
- Schenken Sie Vertrauen und Verlässlichkeit.
- Üben Sie sich in der Kunst des Zuhörens.
- Strahlen Sie Ruhe aus.
- Glauben Sie an sich.

Menschen, die ihre Fähigkeiten kennen, können ganz anders in sich ruhen. Wenn sie sich außerdem selbst und anderen Fehler erlauben, geben sie sich die Möglichkeit weiter zu wachsen und können auch andere wachsen lassen. Sie haben den Glauben daran, dass sich etwas entwickeln kann und dass es auch so etwas wie Fügungen gibt, die letztlich eine schützende Hand über einen halten. Souveräne Menschen erwarten erst einmal von anderen nichts und nehmen Menschen so, wie sie sind. Sie kennen keine Standesunterschiede, sie drängen und drängeln nicht, sondern haben die Ruhe und Gewissheit, dass sie die Dinge bewirken werden, die sie bewirken sollen. Klappt etwas nicht, dann kann man später einen zweiten Versuch starten, aber es läuft einem nichts weg und es ist nie die letzte Gelegenheit.

Das, was zu einem gehört, wird kommen – aber man muss zeigen, dass man es will.

Souveräne Menschen betrachten das Leben als eine Lebensaufgabe, der sie sich gerne stellen. Sie können sich täglich darin schulen und dabei beobachten, wie Ihr Verhalten auf andere Menschen wirkt und was Sie dazu tun können, dass Sie sich in allen möglichen Situationen sicherer fühlen. Denn das Gefühl der Sicherheit ist die Basis für souveränes Verhalten.

Martin reagiert, was immer auch passiert, ausgleichend und mit Ruhe. Daheim schimpft er freilich schon mal los. Was gut ist, denn würde er zu Hause souverän von manchem Ärgernis erzählen, hielte ihn sein Frau sicher für unterkühlt. Doch daheim ist Martin authentisch. Eine wunderbare Kombination: souverän und authentisch. Wenn Sie sich in beidem üben, haben Sie einerseits die nötige Gelassenheit und sind andererseits aber auch nicht »abgehoben«.

MEINE MEINUNG, DEINE MEINUNG

Wenn man mit anderen gut in Kontakt sein und einen sympathischen Eindruck hinterlassen möchte, ist es nicht sehr günstig, dem anderen die eigene Meinung aufdrücken zu wollen oder auf dem eigenen Standpunkt zu beharren. Besonders wenn wir von einer Idee überzeugt sind, wünschen wir uns, dass der andere das möglichst genauso sieht und vergessen gerne, dass jeder Mensch sich nun mal vom anderen unterscheidet.

JEDER LEBT IN SEINEM EIGENEN SYSTEM

Was heißt das? Jeder Mensch macht im Lauf seines Lebens eine Vielzahl von Erfahrungen – gute und schlechte –, die sein Leben prägen. Er entwickelt in der Konsequenz Gewohnheiten, um bestimmte schlechte Erfahrungen nicht mehr zu machen oder um bestimmte schöne Situationen noch einmal zu erleben. Diese Gewohnheiten spiegeln sich auch im Verhalten wider und in der Art, wie Situationen durch die eigene »Brille« erlebt werden.

Für den einen ist eine Fahrt mit dem Riesenrad ein unvergleichliches Erlebnis, für den anderen der blanke Horror, weil er vielleicht als Kind einmal die Treppe heruntergefallen ist.
In der Praxis bedeutet das, dass die gleiche Situation von unterschiedlichen Menschen auch unterschiedlich erlebt werden kann. Jeder Mensch bewertet eine Situation aus seinen Mustern heraus nach den Kriterien, die er als sinnvoll erlernt hat. Daraus können Missverständnisse und Konflikte entstehen.

Welche Bedeutung hat das, wenn Sie Menschen für sich gewinnen wollen? Als Erstes, dass es keine Wahrheit gibt, die jemand für sich beanspruchen kann. Sie kennen diese Situationen, zum Beispiel »Immer muss ich mich kümmern damit der Laden läuft!« »Du? Wieso denn du? Das stimmt doch gar nicht! Wenn ich mich nicht kümmere, geschieht hier gar nichts!«

So viele Ausrufezeichen wie in dem eben zitierten Dialog stimmen mich regelmäßig nachdenklich. Da beharrt jemand auf seiner Sicht einer Situation. Dabei kann es doch nur zwei Versionen einer Situation geben, die man sich erzählt, vergleicht und später daraus schließt, was zu tun ist, damit beide Beteiligten zufrieden sind. Besonders in der Liebe ist dies wichtig – aber auch in allen anderen Kontexten, in denen wir uns mit Menschen auseinandersetzen müssen.

ANDEREN MIT OFFENHEIT BEGEGNEN

Behauptungen, die wir aufstellen, entstehen vor unserem biografischen Hintergrund, der geprägt ist von unseren Erfahrungen, die wir bisher in unserem Leben gemacht haben. Das heißt nichts anderes, als dass jeder in gewisser Weise seine eigene Sicht der Dinge hat und es keine (gemeinsame) Wahrheit gibt. Wenn wir das einmal begriffen haben, können wir mit Dingen, die ein anderer sagt und die uns vielleicht verletzen, ganz anders umgehen. Sie sind vielleicht gar nicht so gemeint und bringen in erster Linie die Befindlichkeit unseres Gegenübers zum Ausdruck.

Sie müssen es also nicht persönlich nehmen, sondern sind sozusagen nur Zeuge einer Aussage, die zufällig an Sie gerichtet ist, weil Sie halt gerade im Weg standen. Diese Sicht ist gewöhnungsbedürftig, macht das Leben aber um vieles leichter. Sie können Dinge bei Ihrem Gegenüber lassen, müssen nicht jeden Schuh, den man Ihnen hinstellt, anziehen. So kommen Sie viel weniger in den Zustand des Verletztseins und können Fragen stellen, damit Ihnen Ihr Gegenüber sein System erklärt. Wenn Sie verstehen, warum der andere in diesem Augenblick so handelt, wie er es tut, werden sich viele Konflikte lösen oder besser lösen lassen.

Je mehr ich in mir ruhe, umso mehr wird es mir gelingen, den anderen da zu lassen, wo er ist. Oder ihn von dort abzuholen, damit wir uns treffen können.

ABSTAND GEWINNEN

Übung

Wenn Sie sich wieder einmal in einer aufregenden Situation befinden und sich alles andere als souverän fühlen, dann gibt es einen guten Trick, um zu innerer Ruhe zu gelangen.

→ Atmen Sie ein paarmal tief ein und aus und dann stellen Sie sich vor, wie Sie über diese aktuell so schwierige Situation in fünf Jahren sprechen würden.

- Ist der Adrenalinpegel noch genauso hoch?
- Hat sie noch die gleiche Dramatik?
- Ist die Aufregung immer noch so groß?

Wahrscheinlich nicht. Sie haben nämlich in der Zwischenzeit einen emotionalen Abstand zu der Situation gefunden. Und Sie haben Vergleichsmöglichkeiten mit anderen Situationen, die Sie in der Zwischenzeit erlebt haben.

→ Alternativ können Sie sich auch vorstellen, mit einem Hubschrauber abzuheben und die Situation von oben zu betrachten. Während Sie aus dem Fenster schauen, werden die Häuser und Straßen unter Ihnen immer kleiner. Und in jedem Haus, in jedem Auto gibt es irgendeine Aufregung, die von hier oben viel kleiner und unwichtiger erscheint, als von da unten.

Üben Sie sich darin, einen solchen emotionalen Abstand ganz gezielt herzustellen, indem Sie dafür ein Bewusstsein entwickeln. So können Sie viel objektiver betrachten, wie negativ Sie die Situation gerade bewerten. Auf diese Weise lassen sich destruktive Gedankenschleifen, die Sie weiter nach unten ziehen, rechtzeitig unterbrechen und Sie finden viel schneller wieder zu innerer Balance.

GUT KOMMUNIZIEREN

Übung

Wir können üben, zum Ausdruck zu bringen, dass wir die Wahrheit nicht »gepachtet haben« und dass es durchaus andere Sichtweisen außer der eigenen geben kann.

»——› Gewöhnen Sie sich an, in so genannten Ich-Botschaften zu kommunizieren. Üben Sie es gleich im nächsten Gespräch, und beginnen Sie vielleicht erst einmal in einer entspannten Gesprächssituation.

★ Statt: »Das ist schlecht!«, sagen Sie: »Ich finde das unpassend.«

Das lässt Ihrem Gesprächspartner Freiraum, er fühlt sich nicht gleich angegriffen. Es hilft ihm, seine eigene Position einzunehmen, ohne Ihre »über den Haufen werfen« zu müssen.

»——› Achten Sie darauf, vor allem wenn Sie etwas ärgert, im Einzelfall zu bleiben. Oft benutzen wir nämlich die Wörtchen »immer« und »nie«, wo sie gar nicht hingehören. Das heißt, wir schließen vom Einzel- auf den Allgemeinfall und suggerieren eine Regel, wo es keine gibt.

★ Statt: »Immer lässt du alles liegen!«, sagen Sie: »Mich stört es sehr, wenn du deine Sachen herumliegen lässt.«

★ Statt: »Nie machst du mal einen konstruktiven Vorschlag!«, sagen Sie: »Ich würde mich freuen, wenn du dich konkret zu diesem Thema äußerst.«

»——› Wir neigen dazu, jemandem gleich ein »Ist-Etikett« aufzukleben, wenn er etwas tut, was uns nicht passt. So stellen wir ihn als Gesamtperson infrage und nicht nur sein Verhalten in der konkreten Situation. Hilfreich ist es, wenn wir unterscheiden zwischen dem, was jemand tut, und dem, was er ist (ein Mensch mit vielen Facetten, der sich im Moment schlecht benimmt).

Wenn wir das lange genug üben, sodass es uns in Fleisch und Blut übergeht, macht das sowohl das Leben der anderen als auch unser eigenes leichter.

AUF ANDERE ZUGEHEN

Menschen können offen oder zugeknöpft sein. Im Grunde müssen Sie bei jeder Begegnung die Schwingungen sondieren, die zwischen Ihnen und einem anderen Menschen bestehen. Ist er sperrig, will er Sie nicht an sich heranlassen, zeigt er sofort, dass er Ihre Hand nur notgedrungen drücken und Ihre verbale Ansprache nur widerwillig erwidern will?

Es gibt genug Menschen, die sich davon erschrecken lassen und sich wie eine Schnecke in ihr Schneckenhaus zurückziehen. Wenn er nicht will, dann will er eben nicht, denken sie sich, oder: Schade, aber ich komme an sie nicht ran und ehe ich mir eine Abfuhr hole, lasse ich es lieber bleiben.
Das Zugehen auf andere Menschen ist manchmal nicht leicht, denn im Gegensatz zu Martin auf dem Weihnachtsmarkt haben Sie nicht immer etwas so offensichtlich Duftendes und Wohlschmeckendes, was Sie Ihrem Gegenüber anbieten können. Sie haben keinen qualmenden Bollerofen, der die Menschen verzaubert und anzieht. Sie sind hier im Nachteil. Oder etwa doch nicht?

SICH TRAUEN, DEN ANDEREN ZU EROBERN

Es stimmt, viele Kinder und Erwachsene laufen auf Martins Stand zu und kaufen gerne kleine Tüten mit Maronen. Aber da sind noch zahlreiche Menschen, die an ihm vorbeigehen und deren Gesichter sagen: »Wir wollen deine Maronen nicht. Lass uns bloß in Ruhe mit diesem albernen Gehabe und deinen teuren Dingern.«
Martin ist ein Verkäufer. Er muss auch die für sich gewinnen, die keine Maronen wollen, die ihn übersehen, arrogant oder gelangweilt tun und die den Kontakt mit ihm vielleicht sogar ablehnen.
Für Martin sind diese Menschen eine reizvolle Herausforderung. Als würde er eine Frau erobern, versucht er mit ebendiesen Menschen in Kontakt zu treten und sehr häufig verändert sich die Situation und das Interesse ist geweckt. Nur wenige Menschen sind nämlich so genervt und abweisend, wie sie scheinen.

NICHT ABWEISEND – NUR NACHDENKLICH

Viele Menschen bekommen ein mürrisches Gesicht, wenn sie in Gedanken versunken sind. Das ist unbeabsichtigt, und oft wissen diese Menschen gar nicht, dass sie so finster dreinschauen. Menschen mit verkniffenem Mund, Falten auf der Stirn und dunklem Blick denken sehr oft schlicht und einfach nach. Der Blick ist nach innen gekehrt und wenn Sie ein guter Gedankenleser sind, können Sie die Buchstaben förmlich auf der Stirn wandern sehen. Dieser Gesichtsausdruck hat dann wirklich gar nichts mit Ihnen zu tun. Die Menschen sind überhaupt nicht bei Ihnen, sondern in ihrem Inneren und brüten gedanklich über etwas. Manche Menschen denken auch über die Arbeit nach oder sie kniffeln an einem persönlichen Problem – es gibt so viele Möglichkeiten!

Aber was immer es auch ist, es hat nichts mit uns zu tun. Genau deswegen sollten wir abweisende Gesichter mit nach innen gekehrtem Blick auf keinen Fall persönlich auf uns beziehen. Normalerweise ist es sicher günstiger, erst dann auf jemanden zuzugehen, wenn wir zumindest den Zipfel eines positiven Signals erkennen. Doch eine weitere Möglichkeit ist es, diese Menschen in angenehmer Lautstärke und freundlich lächelnd anzusprechen, um dann zu erfahren, dass sich viele Gesichter aufhellen und diese Menschen nun ganz bei Ihnen sind. Probieren Sie es einfach mal aus. Falls es doch schiefgeht, wird die Welt sich trotzdem weiter drehen und man hat nichts außer ein paar freundlichen, unerwiderten Worten verloren. Also kein großer Verlust, kein großes Risiko – dafür eine neue Erfahrung, die Sie garantiert weiterbringt.

Vielleicht nehmen Sie sich für diese Woche vor, in Situationen, in denen es um nichts geht, auf andere zuzugehen? Wenn Sie beispielsweise durch die Stadt bummeln, versuchen Sie einmal, wortlos mit Menschen in Kontakt zu treten. Mit einem Blick, einem Lächeln … Als nächstes fangen Sie mit einem Fremden ein Gespräch an. Beginnen Sie einfach mit einer kurzen Bemerkung und einem freundlichen Lächeln und schauen Sie, was passiert. Sammeln Sie die Reaktionen und archivieren Sie diese in Ihrem Erfahrungsspeicher.

DIE PASSENDE GESPRÄCHS-ATMOSPHÄRE ZAUBERN

1

Seien Sie neugierig

Sie können es ganz sicher in Ihrer Wohnung: Atmosphäre schaffen. Aus manchen Räumen ist scheinbar nichts zu machen, weshalb Innenarchitekten sich mit Begeisterung darauf stürzen, denn sie ermuntert das, etwas ganz Neues auszuprobieren. Ein Blickwinkel, den wir auch beim Kontakt mit (scheinbar) schwierigen Menschen einnehmen können.

2

Was wollen Sie erreichen?

Um einen Raum neu und besser zu gestalten, brauchen Sie Fantasie – dasselbe gilt für den Kontakt zu Ihrem Gegenüber. Sie brauchen ein inneres Bild, das Sie und ihn in der Situation so zeigt, wie Sie es gerne haben möchten. Wenn Sie nicht wissen, »wohin« Sie mit einem Menschen wollen, dann werden sich zwangsläufig seine Fantasie und sein Wille durchsetzen.

3

Stellen Sie sich die Begegnung genau vor

Malen Sie sich eine Begegnung, die glücken soll, im Vorfeld so aus, wie sie idealerweise stattfindet. Stellen Sie sich vor, wie Sie mit Ihrem Gegenüber lachen, sich verstehen und Verträge abschließen oder gemeinsame Lösungen finden. Stellen Sie sich diese Situationen farbig vor und malen Sie diese detailliert aus: Was gibt es zu sehen, zu hören, zu riechen?

4

Überrollen Sie den anderen nicht

Damit eine gute Atmosphäre für eine Begegnung entstehen kann, bedarf es jedoch auch des Respekts vor dem anderen: Will er mit Ihnen in Kontakt treten? Braucht er noch etwas Zeit? Will er die Führung übernehmen, oder ist er froh, dass Sie so mutig und beherzt auf ihn zugehen? Schwingen Sie sich zunächst auf seine Verfassung ein.

5

Wichtig: eine gute Grundstimmung

Erzeugen Sie möglichst eine positive Grundstimmung bei der Begegnung. So können Sie zum Beispiel Komplimente machen, Verständnis zeigen oder Ihre Begeisterung für Dinge ausdrücken, Fragen und Erzählungen von sich selbst mischen und mit kleinen Anekdoten überraschen.

6

Bleiben Sie in positiver Erinnerung

Damit die gute Atmosphäre nachwirkt, behalten Sie den zeitlichen Rahmen im Blick und verabschieden Sie sich verbindlich, sodass der Kontakt vertieft werden kann.

WAS MACHT SYMPATHISCH?

Woran erkennen Sie, dass ein Mensch gut mit anderen Menschen kann? Nehmen wir einmal an, Sie befinden sich bei einem Fest oder Kongress. Sie sitzen bereits an Ihrem Platz, die Tür geht auf, ein Mensch kommt herein und Sie denken, ohne ein Wort mit ihm gewechselt zu haben: Wow, der ist interessant. Hoffentlich lernen wir uns kennen!

Irgendetwas hat Sie in Bann gezogen, beeindruckt. Sie können für sich davon lernen, wenn Sie es herausfinden. Manchmal klappt das nicht im selben Augenblick, denn wir sind konzentriert oder müssen reagieren. Aber später, wenn Sie wieder allein sind, können Sie davon profitieren, dass ein anderer Mensch Ihre Aufmerksamkeit auf sich ziehen konnte. Was war es genau? Wie hat er Sie für sich gewonnen? Alles, was wir benennen können, können wir reflektieren. Haben Sie das auch oder wollen Sie es noch lernen?
Die Entscheidung liegt bei Ihnen, und dennoch gibt es einen kleinen Zauber, der mitwirkt. Was immer Sie lernen wollen, Sie müssen es in erster Linie für sich lernen wollen und nicht nur, um anderen zu gefallen. Erst dann wird dieser Zauber entstehen.

REZEPT FÜR DEN ERFOLG GEFÄLLIG?

Ich habe bei meiner Arbeit viel Gelegenheit, mit Menschen zu sprechen – Frauen wie Männer. Wenn ich Fragen stelle wie: »Woran merken Sie, dass ein Mensch Erfolg bei anderen hat?« oder: »Was beobachten Sie an Menschen, die beliebt sind?«, geben fast alle dieselben Eigenschaften an. Eine Person, die spontan als sympathisch erlebt wird,

- ruht in sich,
- ist mit ihrem Blick bei anderen,
- geht verbal auf andere ein,
- hat mehr Fragezeichen als Ausrufezeichensätze im Repertoire,
- stellt Gemeinsamkeiten her,
- stellt Bezüge zu früheren Gesprächen her,
- ist gut (angemessen) gekleidet,
- ist authentisch,
- strahlt Vertrauenswürdigkeit aus,
- gibt das Gefühl, angenommen und respektiert zu sein,
- vermittelt den Eindruck, dass sie gerne mit anderen Menschen inklusive sich selbst zusammen ist.

Es wird also Interesse am anderen ausgestrahlt. Wir können nur dann etwas verkaufen, wenn wir mit anderen Menschen in Kontakt gehen. Senden wir diese Botschaft nicht nach außen, so bleiben wir auf unserem Produkt oder unserer Idee sitzen, denn niemand kauft gerne etwas von jemand, der nicht mit ganzem Herzen bei seiner Arbeit und bei den Menschen ist, mit denen er zu tun hat (siehe Seite 32).

Was aber für den Verkauf gilt, gilt auch für Sie. Schließlich sind Sie das Produkt, für das Sie in der Welt die Vertretung übernommen haben. Ergo müssen auch Sie in Kontakt treten, wollen Sie einen guten Eindruck bei anderen Menschen hinterlassen oder diese für sich gewinnen. Nur was oder wer sind Sie denn genau? Was gibt es zu zeigen, den anderen Menschen zu verkaufen (siehe Seite 54)?

Martin weiß, warum und wie er auffallen und auf Menschen wirken möchte. Er hat das schönste Lächeln und den schönsten Stand auf dem Weihnachtsmarkt, davon ist er überzeugt. Die Besucher des Marktes kommen zu ihm, genießen die Situation, kaufen bei ihm Maronen und werden dadurch Teil der Situation. Seine Maronen sind vermutlich nicht besser oder schlechter als die an anderen Ständen, aber durch sein Auftreten macht er seine Maroni zu einem Erlebnis.

So wie Martins Maronen ist auch Ihr Verhalten nicht besser und nicht schlechter als das von Tausenden anderer Menschen.

ALLE MENSCHEN HABEN IHRE QUALITÄTEN UND IHRE DEFIZITE.

Doch wir müssen von uns (oder einem Aspekt von uns) überzeugt sein, damit andere etwas von uns halten können. Um damit einen schwierigen Sachverhalt ganz einfach auszudrücken:

WENN ICH NICHTS VON MIR HALTE, DANN KANN ICH AUCH ANDERE NICHT VON MIR ÜBERZEUGEN!

ECHTE SELBSTSICHERHEIT

Eines der Merkmale, die als erstes genannt werden, wenn es darum geht, zu beschreiben, wie ein Mensch auf andere Menschen wirkt, ist Selbstsicherheit. Der Umgang mit selbstsicheren Menschen macht uns frei. Wir müssen nicht darüber nachdenken, was der andere jetzt wohl brauchen könnte oder wollen würde, sondern wir können darauf vertrauen, dass er schon selbst für sich sorgt.
Natürlich gibt es auch das Phänomen der eitlen Selbstliebe – das meine ich nicht mit Selbstsicherheit. Selbstverliebte sind oft ganz kleine Hasen, die sich hinter einem Schutzschild von »Toller Hecht« verbergen. Sie wollen überzeugend, sympathisch, kompetent, großzügig erscheinen, ohne es wirklich zu sein.
Es kostet viel Kraft, eine solche Fassade aufrechtzuerhalten. Die ist besser investiert, wenn man sie darauf verwendet, sich und seine Persönlichkeit weiterzuentwickeln, sodass es nicht mehr nötig ist, eine Plakatwand von sich selbst vor sich herzutragen. Männer wie Frauen, die sich eitel benehmen, blitzen häufig bei anderen Menschen ab.
Vielleicht gibt es eine Ausnahme: Wenn es jemand schafft, seine Eitelkeit in eine Marke zu verwandeln, wie man es beispielsweise von Karl Lagerfeld kennt, verwandelt sich die Abneigung möglicherweise in Neugier und Sensationslust, die dann Motivation wird, sich solchen Menschen anzunähern. Gefühle wie Vertrauen und Wohlwollen sind dabei jedoch nicht im Spiel. Solche Menschen werden häufig konsumiert, ein echter Kontakt ist nur schwer möglich. Spannung und manchmal auch ein bisschen Schadenfreude dominieren das Geschehen. Darum geht es hier nicht, sondern um Echtheit und Authentizität, wie ich sie im ersten Kapitel beschrieben habe.

Echte Selbstsicherheit ist nicht von äußeren Umständen abhängig, sondern kommt aus dem Bewusstsein heraus, was das eigene Selbst ausmacht, aus dem Vertrauen in sich und das Leben.

IN SICH RUHEN

Die Ruhe von *in sich ruhen* sollte man nicht mit *Schweigen* verwechseln. Mit sogenannten »stillen Wassern« in Kontakt zu treten ist oft sehr mühsam. Und was mühsam ist, das vermeiden Menschen lieber, besonders dann, wenn sie die Wahl haben. Auf Partys sitzt diese Spezies dann in der Ecke und ist auf merkwürdige Weise fast lästig. Man weiß nicht, was diese Menschen denken, wollen und ob sie überhaupt gerne auf der Feier sind. Warum ist er dann überhaupt da, fragt man sich, wenn er mit niemand reden will. Der Eindruck, dass da jemand als »Drübersteher« auf die Situation herunterschaut (und damit auf mich als Beteiligter!) ist keine gute Basis, um mich zu animieren, auf jemanden zuzugehen. Menschen wollen anderen Menschen auf der gleichen Ebene begegnen, auf der sie sich befinden.
Solche »stillen Typen« werden oft als Energiefresser erlebt, denn sie vermitteln einem das Gefühl, dass man sich um sie kümmern, dass man sie hofieren muss. Zuweilen können sie auch geheimnisvoll wirken. Doch nicht jeder hat Lust, sich die Mühe zu machen, Geheimnisse zu lüften. Solche Menschen zählen also meist nicht zu denen, zu denen man sich spontan hingezogen fühlt, weil sie aus den Fenstern ihrer Seele winken und einem das Gefühl vermitteln, willkommen für ein Gespräch zu sein.
Mit »in sich ruhen« ist hier also etwas anderes gemeint.

Es ist eine wunderbare Gabe,
das Leben und sich anzunehmen,
so, wie es eben ist.

Erinnern Sie sich regelmäßig an die Listen Ihrer besonderen Eigenschaften, die Sie auf der nächsten Seite anlegen werden. Sie führen Ihnen vor Augen, dass das Leben Ihnen Gaben geschenkt hat, die Sie einzigartig machen und über die Sie sich freuen können.
Solche Listen sind nie vollständig, sondern wachsen und verändern sich mit der Zeit. Machen Sie daher immer mal wieder eine solche »Inventur« und bleiben Sie über sich auf dem Laufenden.
Je mehr Sie an sich selbst schätzen und mögen, desto mehr Sicherheit empfinden Sie und strahlen diese auch auf andere Menschen aus.

DAS BESONDERE AN MIR

Wenn Sie geschätzt, geliebt oder gemocht werden wollen, dann wäre es gut zu wissen, warum. Im Sinne der Selbst-PR sollten Sie viele gute Gründe kennen, die es für andere attraktiv machen, mit Ihnen in Kontakt zu sein, oder Ihr Kontaktangebot anzunehmen.

Je nach Personenkreis können diese Gründe differieren. Überlegen Sie, welche positiven Eigenschaften Sie für wen haben:
Für Ihre Familie

____

____

____

____

Für Ihre Kollegen / Kunden

____

____

____

____

Für Ihre Vorgesetzten

____

____

____

____

____

Im Marketing spricht man gerne vom Alleinstellungsmerkmal USP. Der Impuls zum Kauf muss schnell gesendet werden. Wie an der Bar. Lässt man sich von seinem Barhocker-Nachbarn zu einem Glas einladen oder lieber nicht?

Listen Sie hier sämtliche Teilaspekte Ihrer Persönlichkeit auf, die Ihnen einfallen. Geben Sie den einzelnen Aspekten Rollennamen und -beschreibungen wie der Eroberer, die Prinzessin, der Weltentdecker, der Frechdachs etc.:

____

____

____

____

____

____

____

____

____

Verschiedene Untersuchungen besagen, dass wir uns das erste Bild von jemandem machen, ohne dass er auch nur den Mund geöffnet hätte. Zu 80 bis 93 Prozent zählt der nonverbale Eindruck.

Stellen Sie sich vor, Sie sehen sich selbst auf einer Party den Raum betreten. Wie ist Ihr erster Eindruck von Ihrer eigenen Person? Listen Sie auf, was Sie auf den ersten Blick einzigartig macht:

____

____

____

____

____

Machen Sie zum Abschluss noch mal eine kleine Liste, was Ihnen an sich selbst gefällt:

____

____

____

____

____

MITEINANDER INS GESPRÄCH KOMMEN

Der Umgang mit anderen ist immer wieder eine Herausforderung, da wir im Alltag mit Menschen zusammentreffen,

- die wir nicht kennen,
- von denen wir etwas möchten,
- die uns mögen sollen,
- die erwartungsvoll auf uns wirken.

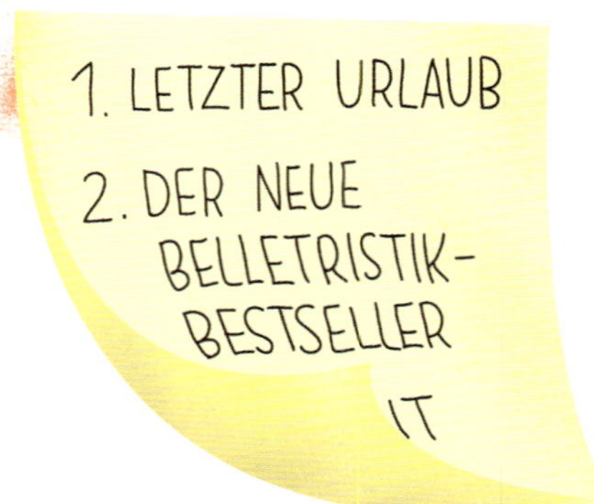

Kurz: zu denen wir in irgendeiner Form einen Draht aufbauen wollen. Umso wichtiger ist die Kunst der Gesprächsführung. Die Unterhaltung in der Gesellschaft richtet sich nach dem Zweck, dem Ort und auch nach den Menschen, die Sie in diesem Kontext antreffen. In der Regel weiß man, was einen erwartet, denn Sie werden wohl kaum auf irgendeine Veranstaltung gehen, ohne wenigstens eine Ahnung zu haben, wer und was Sie dort erwartet. Die Themen richten sich nach diesen Bedingungen. Ein Pferderennen bietet anderen Gesprächsstoff als eine Karnevalssitzung. Genau in dieser Vorhersehbarkeit steckt Ihre große Chance.

In den 1960er- und 70er-Jahren war es noch durchaus üblich, nicht nur darüber nachzudenken, wie der Dresscode ist, also welches Kleid man trägt, ob Fliege oder Krawatte angesagt ist, sondern auch im Vorfeld zu überlegen, worüber man mit anderen Menschen sprechen wollte. Die Vorbereitung in Form einer kleinen Themensammlung hat den praktischen Nebeneffekt, dass man sich sukzessive auf den Anlass und die Menschen, die man treffen wird, einstimmt.

WANN UND WIE UNTERHÄLT MAN SICH?

Wenn Sie die Menschen nicht kennen, auf die Sie treffen, dann gesellen Sie sich vielleicht zunächst zu einer kleinen Gruppe. Das hilft Ihnen, mit der Situation vertrauter zu werden und aufzuhören zu »fremdeln«. Meist sind ja zu solchen Gelegenheiten Stehtische arrangiert. Gesellen Sie sich zu einer solchen Gruppe und versuchen Sie vielleicht erst Blickkontakt aufzunehmen, ohne sich aufzudrängen. Dann sollten Sie erst einmal zuhören, was der Gegenstand der Unterhaltung ist. Irgendeine Öse wird sich ergeben, in der Ihr Gesprächshaken passt. Passen Sie sich der Unterhaltung langsam an (wenn Sie ein homöopathisches Mittel wären, dann würde ich sagen: »Schleichen Sie sich ein«), indem Sie

- Blickkontakt suchen,
- sich nach einem speziellen Programmpunkt erkundigen,
- Bezug auf den Anlass des Treffens nehmen,
- sich nach einem Gast erkundigen, den Sie vom Namen, aber nicht vom Gesicht her kennen.

Alles ist hilfreich, Hauptsache Sie stehen nicht verloren am Rand und nippen an Ihrem Glas. Es wird vermutlich niemand kommen, um Ihnen Trost zu spenden oder Sie zu erlösen! Sinn und Zweck eines solchen Besuches ist es nicht, sich aus purer Hilflosigkeit kostenfrei mit Kanapees vollzustopfen, sondern mit Menschen ins Gespräch zu kommen.

Es gibt mindestens einen Grund, dass Sie hier sind, den Sie mit den anderen Anwesenden teilen.

Eine gute Möglichkeit, mit anderen ins Gespräch zu kommen, besteht darin, sich etwas erklären oder sich weiterhelfen zu lassen. Man erscheint dadurch weder dumm noch dämlich, wenn man etwas fragt, sondern gibt seinem Gegenüber die Gelegenheit, hilfsbereit zu sein. Sie öffnen durch eine Frage die Tür zum Gespräch, brechen das Eis und haben dann die Chance, das begonnene Gespräch weiterzuführen, indem Sie

- sich interessiert nach Ihrem Gegenüber erkundigen,
- möglichst kurz gehalten etwas von sich erzählen,
- dezent Ihre persönliche Meinung zu dem vielleicht gehaltenen Vortrag äußern,
- fragen, welche Beweggründe Ihr Gegenüber zu dieser Veranstaltung geführt haben,

- fragen, was ihm oder ihr bei diesem Treffen besonders gefällt,
- fragen, ob Ihr Gegenüber weitere Gäste kennt.

ERNSTHAFTES INTERESSE ZEIGEN

Ein Gespräch glückt dann, wenn sich Fragen und Antworten mischen. Schneiden Sie nicht sofort ein neues Thema an, wenn Sie zu einer Gruppe dazustoßen und halten Sie keine Gegenreden. Auch sofort von sich zu erzählen, sollten Sie nur in Maßen verfolgen. Nichts ist für einen Gesprächseinstieg ungünstiger, als wenn Sie den Mund öffnen, um von sich zu reden, und ihn erst nach 30 Minuten wieder schließen.

Die goldene Regel ist auch hier:
Benutzen Sie mehr Fragezeichen als Ausrufezeichen. Wenn es Ihnen darum geht, Menschen für sich zu gewinnen, dann ist der einfachste Weg der, diesen Menschen das Gefühl zu geben, dass sie für Sie einen Wert haben. Das Gefühl vermittelt sich nur durch echtes Interesse am anderen.
Das gilt auch bei Menschen, die einem nicht auf Anhieb sympathisch erscheinen und deren Verhalten uns fremd ist. Es gibt immer Anteile, die verbinden. Diese zu entdecken dient auch dazu, eine gemeinsame Basis herzustellen, um dann auf das Wesentliche zu kommen und darüber zu sprechen, worum es einem tatsächlich geht. Aber das Gesprächsklima wird ein anderes sein, wenn man durch echtes Interesse zunächst einmal Verbindungen hergestellt hat.

SICH HÖFLICH »AUSSCHLEICHEN«

Eine Unterhaltung dauert etwa so lange, wie sie im Fluss ist oder Sie das Gefühl haben, der andere möchte Ihnen noch etwas zu Ende erzählen. Es ist unhöflich, ihn jetzt zu unterbrechen. Ist das – aus welchem Grund auch immer – nicht zu vermeiden und Sie wollen bei Ihrem Gesprächspartner in guter Erinnerung bleiben, sagen Sie am besten entschuldigend: »Ich möchte nicht unhöflich sein, aber ich muss Sie leider kurz unterbrechen …« Finden Sie einen nachvollziehbaren Grund, der Ihnen erlaubt, sich aus der Gruppe oder vom Einzelnen wieder zu entfernen. (Wären Sie ein homöopathisches Medikament, würde ich sagen: »Schleichen Sie sich wieder aus.«)

GELUNGENER AUFTRITT IN UND VOR DER GRUPPE

Übung

Bei der Vorstellung, bald in einer Gruppe von Menschen zu stehen und sich einzubringen, kann man durchaus nervös werden. Manchmal hat man auch vor einer Präsentation regelrecht Lampenfieber. In beiden Fällen lässt sich etwas tun.

Zunächst hilft es, all das Adrenalin loszuwerden, das ja schon bei der bloßen Vorstellung, in oder vor der Gruppe auftreten zu müssen, produziert wird und überflüssigerweise im Körper zirkuliert. Das geht wunderbar über Bewegung.

»——› Benutzen Sie die Treppe statt den Fahrstuhl oder machen Sie einen kurzen Spaziergang.

Wenn wir nervös sind, ist auch unsere Atmung eingeschränkt, oft hört sie am Zwerchfell auf und der ganze Bauchraum ist ausgeschlossen. Auch hier hilft eine Übung.

»——› Hecheln Sie so, wie es Hunde tun. Ich weiß, das sieht nicht gut aus, aber vielleicht finden Sie einen stillen Ort, wo es keiner sieht. Sie bringen so Ihren angstgeprägten Atemrhythmus durcheinander und der natürliche Atemrhythmus hat eine Chance, sich wieder aufzubauen.

»——› Singen Sie – vorausgesetzt Sie fahren mit dem Auto zur Veranstaltung oder Präsentation. Es hört ja keiner und Ihre Atmung reguliert sich, während gleichzeitig Ihre Stimmbänder frei werden.

»——› Das wichtigste ist aber, mit welcher mentalen Haltung Sie in die Situation gehen. Machen Sie sich deutlich, wie wertvoll das ist, was Sie zu sagen haben. Bei einer Präsentation haben Sie immer einen Informationsvorsprung, den Sie bereit sind, mit Ihren Zuhörern zu teilen. Wenn Sie mit dieser großzügigen Grundhaltung an die Sache herangehen, kann Ihr Auftritt nur gelingen!

SO GELINGEN GESPRÄCHE

Praxistipps

Im Gespräch mit anderen gibt es einige Tricks, die die Gesprächsführung vereinfachen und dafür sorgen, dass sich zwischen Ihnen und Ihrem Gesprächspartner etwas Positives entwickelt.

Neugier als treibende Kraft

★ Wenn wir alles schon von vornherein zu wissen glauben, kann ein Mensch sich anstrengen, wie er will, wir werden ihn immer so wahrnehmen, wie wir es im Vorfeld beschlossen haben. Wenn Sie dagegen Neugier in sich entwickeln können, dann sind Menschen und Situationen für Sie so spannend, dass Sie mit wachem Blick auf andere zugehen und sie wirklich wahrnehmen können. Das wertet Beziehungen auf und macht andere Menschen Ihnen gewogen. Nicht nur im geschäftlichen Kontext, auch im privaten.

Wenn der andere Blödsinn redet

★ Das kommt leider vor. Aber wenn Sie den Menschen für sich gewinnen möchten, versuchen Sie die Situation nicht nur auszuhalten, sondern Gefallen an ihr zu entwickeln. Kann sein, dass das anfänglich schwerfällt, doch wenn man einem Menschen interessiert zuhört und ihn beobachtet, dann findet man meistens etwas, dass freundlich, angenehm oder sogar liebenswert ist. Suchen Sie sich einen Aspekt seiner Persönlichkeit, seines Aussehens oder seines Auftretens heraus, zu dem Sie vielleicht einen besonderen Zugang haben und der Sie in irgendeiner Weise positiv berührt.

Das Niveau anpassen

★ Wir kennen es von Spezialisten, dass sie oft genug an anderen in Fachtermini vorbeireden. Wenn Sie an einem anderen Menschen interessiert sind, sollten Sie sich unbedingt an dessen sprachliches Niveau anpassen, wenn es »niedriger« als Ihr eigenes ist. Anpassen, nicht: darauf einlassen! Sie dürfen auf jeden Fall Ihren eigenen Stil behalten, aber geben Sie Ihrem Gegenüber die Chance, Ihnen folgen zu können und Freude dabei zu empfinden.

Witze erzählen?

Wer Menschen zum Lachen bringen kann, hat einen Bonus. Doch erzählen Sie besser keinen Witz und auch keine heitere buddhistische Geschichte, erzählen Sie lieber etwas Heiteres von sich. Dann leisten Sie einen amüsanten Beitrag und bringen sich gleichzeitig mit Ihrer Person in die Situation ein. Solche Geschichten lassen sich prima vorher zurechtlegen, um sie dann bei passender Gelegenheit aus dem Handschuhfach Ihres Kopfes zu holen.

Wie viel Tiefgang?

Es gibt Menschen, die die Angewohnheit haben, ohne Umschweife in tiefgehende Gespräche einzutauchen, ohne darauf zu achten, ob es dem Gegenüber passt oder dem Anlass angemessen ist. Diese Gespräche sind das Gegenteil von zu oberflächlich, aber nicht weniger unangenehm, denn sie können als übergriffig erlebt werden. Achten Sie bei Gesprächen darauf, dass Sie mindestens so viel von sich Preis geben, wie Sie es aus dem anderen »herauskitzeln«. Bei gelungenen Gesprächen werfen beide Partner gleich viel in die Waagschalen.

Hilfe bei kleinem Aussetzer

Wenn Ihnen im Gespräch der Faden verloren ging und Sie am erwartungsvollen Gesichtsausdruck Ihres Gegenübers erkennen, dass er genau jetzt eine Antwort von Ihnen erwartet, überlegen Sie blitzschnell, an was Sie sich noch als Letztes im Gesprächsverlauf erinnern. Greifen Sie diese Sequenz auf und sagen Sie – möglichst etwas nachdenklich: »Offen gestanden hänge ich noch an einem Punkt, den Sie vorher angesprochen haben. Wie haben Sie das damals gemacht?« Sie senden also eine Frage zurück, die sich auf ein Thema davor bezieht und Ihr Gegenüber freut sich vermutlich, dass er etwas so Bedeutendes gesagt hat, dass es Sie immer noch beschäftigt. So wird aus Ihrer Schwäche ganz schnell eine Stärke.

DIE KUNST DES ZUHÖRENS

Im Grunde beinhaltet diese Kunst alle anderen Kapitel, die beschreiben, wie man einen Menschen für sich gewinnt. Unsere Welt ist so egozentrisch, laut und schrill geworden, dass es nicht nur auffällt, wenn sich ein Mensch wirklich einem anderen zuwendet, sondern nahezu verblüfft.

Ein Mensch, der gut zuhören kann, will nicht sofort die eigene Geschichte loswerden, das Gespräch für sich wenden, zu einem bestimmten Punkt kommen oder ein anderes Thema anschneiden. Nein, da ist jemand, der genau den Menschen meint, vor dem er steht, und den wirklich interessiert, was der andere sagt.

ZUM ERZÄHLEN ANIMIEREN

Zuhören fällt aus verschiedenen Gründen nicht immer leicht. Und manchmal auch deswegen, weil viele Menschen nicht nur das Zuhören verlernt haben, sondern auch das Erzählen. Die Kunst des guten Zuhörens besteht für mich im Grunde auch darin, einen anderen Menschen dahin zu bringen, dass er sich traut, etwas auszuschmücken und zu erzählen. Es ist die permanente Botschaft von »Ja, ich höre zu, ja, ich höre noch immer zu.« Bei vielen Gesprächen, bei denen man wirklich und gerne zuhört, flicht der Erzähler Redewendungen ein wie:

- Ich hoffe, ich bin nicht zu ausführlich …?
- Haben Sie noch einen Moment …?
- Also, ich will das jetzt nicht zu sehr ausbreiten …

Solche Sätze sollen einem anderen Menschen signalisieren, dass man sich selbst unsicher ist, ob es noch angebracht und passend ist, weiterzureden.
Sicherlich sind die meisten Situationen in unserem Alltag so gestrickt, dass darin keine epischen Ausbreitungen Platz finden. Wobei, Sie merken es, auch diese Formulierung schon wieder negativ gefärbt ist: Wieso soll es gleich episch ausgebreitet sein, nur weil jemand etwas erzählt?

WIE UNSER UMFELD UNS PRÄGT

Wie man in einer Gesellschaft spricht und zuhört ist Programm. Wir schauen es anderen Menschen ab und machen es nach. Und wir lernen es durch die Medien. Beim Rundfunk beispielsweise liegt »die Würze in der Kürze«. 1994 dauerte ein ganz normaler Beitrag im Vormittagsprogramm von SWF1 (dem damaligen Südwestfunk) noch dreieinhalb Minuten und durfte auch mal vier Minuten lang sein, wenn er einen Inhalt transportierte. 1999 waren es noch zwei Minuten, mit der Tendenz zu eineinhalb. Seit 2000 sind »Halbminüter« im Hörfunk keine Besonderheit mehr, sprich: In 30 Sekunden muss alles gesagt sein. Dazu kommen neue schnelle Kommunikationsformen wie E-Mail oder die Social Medias, die uns dazu erziehen, uns kurz zu fassen. Das geht aber alles auf Kosten der Elemente, die eine Kommunikation »menschlich« sein lassen.
Je jünger die Menschen sind, mit denen wir zu tun haben, desto mehr werden wir damit konfrontiert, dass sie solche Kurzformen der Kommunikation gewohnt und gleichzeitig dem einfachen Erzählen entwöhnt sind.
Wie die Kinder oder Jugendlichen, so die Erwachsenen. Oder ist es Ihnen nicht auch schon so ergangen, dass Sie sich dabei erwischt haben, wie Sie dachten: »Mach schon!« »Komm zu Potte!« Oder wie Sie nach dem »Knopf« suchten, der den Menschen gegenüber endlich auf »den Punkt« bringt.

Zuhören ist ein Luxus, vielleicht analog der Slow-food-Bewegung beim Essen. Sie genießen dann, was der andere sagt, und nehmen sich (gerne) die Zeit. Das ist für den anderen Menschen spürbar und heutzutage etwas Besonderes.

Gespräche, die in dieser Intensität verlaufen, bleiben hängen. Da viele von uns aber von den allgemeinen Sprech- und Hörgewohnheiten »verdorben« sind, müssen wir das Zuhören wieder neu lernen.

WIE ZEIGEN SIE, DASS SIE ZUHÖREN?

Ihre Gesprächskultur wird sich verändern, wenn Sie in Zukunft folgende Überlegungen stärker als früher gewichten:

- Wenden Sie sich in einem Gespräch nicht nur mit Worten, sondern auch mit Ihrem Körper dem Gesprächspartner zu.
- Blicken Sie freundlich in die Augen Ihres Gegenübers, aber starren Sie ihn nicht an.
- Unterdrücken Sie den Impuls, den anderen schon nach wenigen Sekunden unterbrechen zu wollen.
- Stellen Sie mehr Fragen, als dass Sie Kommentare und Antworten von sich geben.
- Bevor Sie etwas erzählen, wägen Sie ab, ob es diesen persönlichen Beitrag gerade »braucht«. Steuern Sie etwas Wertvolles bei, oder wollen Sie nur auch »mal wieder den Mund aufmachen«?
- Nicken und Lächeln signalisieren einem anderen Menschen, dass Sie ihm gerne zuhören. Bauen Sie dies in Gespräche immer wieder ein.
- Strahlen Sie Ruhe aus, auch mit Ihrem Körper.
- Stehen oder sitzen Sie aufrecht, denn das vermittelt auch Ihre aufrechte innere Haltung.

Einem Menschen zuzuhören bedeutet auf Empfang zu sein. Es kann sein, dass Sie manchmal etwas so empfangen, wie Sie es empfangen möchten, also wie es in Ihr Raster passt. Das nennt man »selektiv wahrnehmen« und es kann zu Missverständnissen führen, die sich vermeiden lassen: Um zu überprüfen, ob Sie auch wirklich richtig hingehört und alles verstanden haben, lohnt es sich, sich immer mal wieder rückzuversichern. Das gelingt mit Fragen wie: »Habe ich es richtig verstanden, dass …?« Oder mit dem einfachen Wiederholen von dem, was Sie verstanden haben. Noch besser ist es, auf das Gesagte auf ganz natürlichem kommunikativem Weg eine Rückmeldung zu geben. Dies geschieht zum Beispiel durch eine authentische Mimik und Körpersprache. Sie können bei einem Gespräch noch so oft nicken und mit »Hm, ja« das Gehörte kommentieren. Wenn Sie gleichzeitig mit verschränkten Armen oder halb abgewandtem Körper dastehen, wird Ihr Gegenüber zwangsläufig registrieren, dass Sie nicht bei der Sache sind.

ÜBEN SIE SICH IN GEDULD

Zuhören bedeutet zu respektieren, welche Intensität ein anderer Mensch möchte, und zwischendrin immer wieder Angebote zu streuen. Manchmal dauert es ein wenig, bis ein gutes Gespräch richtig in Gang kommt, um dann eine Wandlung hin zur gewünschten Tiefe zu vollziehen. Sie bieten sich im Zuhören an und sind mit Ihren Gedanken komplett und völlig beim Gespräch und Ihrem Gegenüber. Wer sich mit sich selbst beschäftigt, kann nicht mit seinem Gegenüber beschäftigt sein. Das hatten wir schon an anderer Stelle. Aber immer ist es Ihr Gegenüber, das den Gesprächsverlauf mitbestimmt und so kann es auch sein, dass sich jetzt oder nie die Intensität herstellt, die Sie sich wünschen.

»UND ICH SOLL NUR STILL SEIN?«

Nein, denn ein Gespräch braucht beide Seiten. Auch Sie müssen etwas erzählen, damit es gelingt. Ihr Beitrag sollte auf dem aufbauen, was gerade gesagt worden ist, oder dem Gespräch eine neue, für Sie vielleicht günstigere Richtung geben. Zeigen Sie sich und bringen Sie Ihre Gedanken ein, aber lassen Sie sich nicht verleiten, das Zuhören damit zu beenden.

Gespräche sind wie ein Ballspiel. Verfolgen Sie den Ball aufmerksam, gespannt und mit Freude.

Der, der den Ball hat, darf damit agieren. Wenn der andere den Ball hat, hört man zu – auch dann, wenn es sich andeutet, dass kein tieferes Gespräch möglich ist.

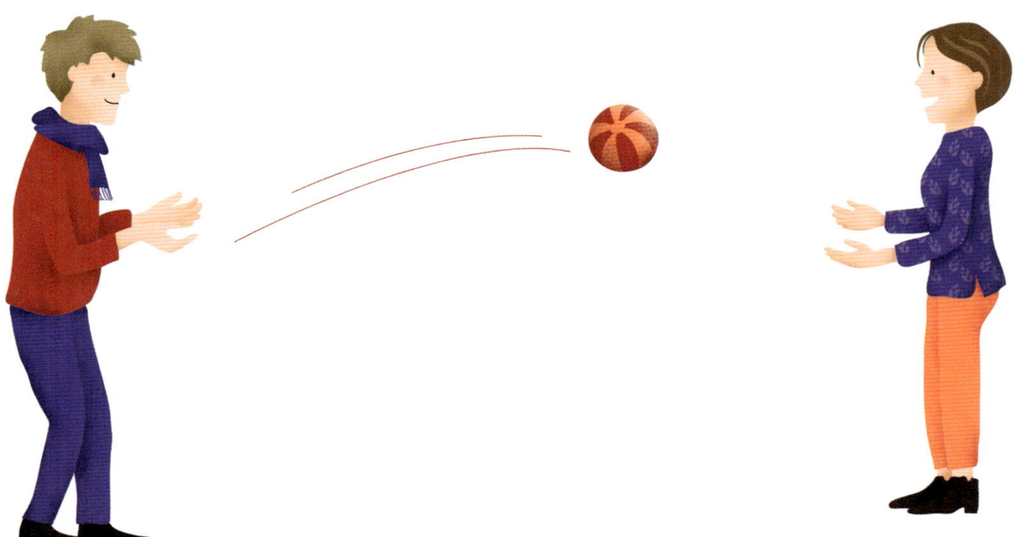

WIE SIE ZWISCHEN DEN ZEILEN LESEN

Praxistipps

In einem Gespräch fließen nicht nur Worte und Sätze, die in verschiedenen Tonlagen gesagt werden, sondern noch eine ganze Menge weiterer Informationen auf anderen Ebenen. Das ist bereits ein paar Mal angeklungen. Wie es in einem Text möglich ist, »zwischen den Zeilen« zu lesen, so gibt es auch im Gespräch Aussagen, die nicht direkt in Worte verpackt werden.

★ Zwischen den Zeilen wird immer dann gesprochen, wenn Menschen keine eindeutige Aussage geben können oder geben wollen. Manchmal wird nur gebrummt, oder die Achseln werden gezuckt. Sehr lästig! Was soll man als Gegenüber damit nur anfangen? Hilfreich ist es auf jeden Fall, auch die Körpersignale in die Wahrnehmung mit einzubeziehen, um daraus konkretere Informationen über das Gesagte zu erhalten.

★ Wenn Ihr Gegenüber desinteressiert oder skeptisch ist, können Sie das sehr schnell an Körperhaltung und Mimik erkennen, ob er die Augen rollt, ständig zur Seite blickt, die Lippen schürzt, freundlich, aber unbeteiligt schaut, die Arme vor der Brust verschränkt hält etc. (siehe Seite 18).

★ Antwortet Ihr Gesprächspartner mit einer schwammigen Formulierung, sodass Sie inhaltlich nur wenig damit anfangen können, zeigt Ihnen das, dass der andere wahrscheinlich an Ihrem Angebot nicht interessiert ist und Sie nicht verletzen oder brüskieren möchte. Oft genug sind diese Botschaften aber auch ein Signal dafür, dass dieser Mensch nicht das Vertrauen in sich oder die Situation hat, um ganz offen und »frei von der Leber weg« zu sprechen.

★ Achten Sie grundsätzlich darauf, in welcher Kultur Sie sich bewegen. Mir erzählte eine Wiener Professorin einmal, dass viele ihrer Landsleute unsere deutsche Art, Dinge direkt zu sagen, als barsch und unhöflich empfinden würden. »Man tut das hier nicht so«, meinte sie, was so viel heißt wie: Der Wiener braucht seinen Schmäh für die Kommunikation. Wenn Sie als Tourist nach Wien kommen, hat dies weniger Bedeutung, als wenn Sie beispielsweise dort arbeiten oder länger leben wollen.

★ Gehen Sie nicht einfach davon aus, dass alles sofort und klar auf den Tisch gepackt werden kann, zumal wenn man sich in einer gemeinsamen Sprache und Kultur bewegt. Auch Nicht-Japaner oder Nicht-Österreicher wollen oder können das nicht. Deswegen besteht die Kunst in der Kommunikation darin, genau auf diese Zwischentöne zu achten und sie sorgsam zu interpretieren.

★ Versuchen Sie jemanden, der sich nicht klar ausdrücken mag, so zu nehmen, wie er ist. Auch wenn Sie manches umständlich oder sogar »doof« finden. Besonders Zwischen-den-Zeilen-Botschaften werden von dem, der sie sendet, ja nicht als Ausweichen empfunden oder mit Absicht eingesetzt. Diese Menschen erleben ihr »Herumeiern« oft als diplomatische Vorgehensweise. Man sagt etwas, ohne es direkt auszusprechen, und geht davon aus, dass es beim Empfänger ankommt. Eben diplomatisch.

★ Laden Sie den anderen durch ein freundliches und charmantes Verhalten ein, sich ebenfalls zu öffnen. Indem Sie authentisch sind, schaffen Sie eine vertrauensvolle Basis für eine Begegnung. Bei manchen Menschen springt der Funke dann schnell über, manche brauchen dafür etwas länger. Je nach Charakter oder Befindlichkeit.

★ Über ein Schweigen oder einen Abstand hinwegzurollen wie eine Dampfwalze führt meist nicht zum gewünschten Ergebnis, sondern zu Ablehnung. Sie haben es dann im zweiten Anlauf noch schwerer, »diese Nuss zu knacken«. Da Sie nicht in andere Köpfe blicken können, empfehle ich Ihnen, sich an diesem Punkt lieber zu erkundigen und nachzufragen, was das Schweigen zu bedeuten hat, ob das Gespräch in irgendeiner Form unangenehm ist oder ob Sie Ihrem Gesprächspartner auf den Schlips getreten sind. Das geht sehr einfach, wenn man einen höflichen Ton anschlägt, das Verhalten des anderen nicht persönlich nimmt und an einer ehrlichen Antwort interessiert ist.

Der Sprechende
mag ein NARR sein,
Hauptsache
der ZUHÖRER
ist weise.

Laotse

SCHRITT FÜR SCHRITT GUT IN KONTAKT SEIN

1

Souverän sein

Die ideale Kombination in der Kommunikation besteht aus souverän und authentisch. Wenn Sie sich in beidem üben, strahlen Sie die nötige innere Ruhe und Selbstsicherheit aus, die Menschen mit Souveränität verbinden, wirken aber auch nicht »über den Dingen stehend«. Souveräne Menschen sind wohltuend, da sie erst einmal von anderen nichts erwarten und sie so nehmen, wie sie sich ihnen zeigen.

2

Jeder Mensch ist anders

Und eine objektive Wahrheit gibt es nicht. Versuchen Sie zunächst in einer entspannten Gesprächssituation, die Dinge, die Sie zu sagen haben, bewusst »subjektiv« zu formulieren und zeigen Sie dadurch, dass Sie eine eigene Meinung haben und auch gerne andere Sichtweisen zulassen und respektieren. Im nächsten Schritt versuchen Sie in einer kontroversen Diskussion dasselbe. Sie werden sehen, wie frei es macht, nicht Recht haben zu müssen.

3

Gute Gesprächsatmosphäre

Entwickeln Sie feine Antennen dafür, welche Atmosphäre Ihr Gegenüber gerade braucht. Sie erzeugen eine für alle Beteiligten angenehme Grundstimmung, indem Sie unvoreingenommen, achtsam und respektvoll auf den anderen zugehen. So wird der erste Eindruck auch der beste Eindruck!

4

Sympathisch wirken

Das passiert, wenn Sie mit ganzem Herzen bei der Sache sind und sich ehrlich zeigen: bei der Arbeit und bei den Menschen, mit denen Sie zu tun haben. Wenn Sie sich Ihrer Schwächen, aber vor allem auch Ihrer Stärken bewusst und von Ihrem Anliegen überzeugt sind, sind Sie Ihrer selbst sicher und haben die Ausstrahlung, die Sie sich wünschen.

5

Gepflegte Konversation

Das bedeutet mehr, als einfach loszuplaudern. Sie ist ein Gespräch mit echtem Interesse am anderen, in dem man sich auf den anderen konzentriert, eine gemeinsame Basis zu schaffen versucht, die Eigenheiten des Gesprächspartners respektiert und die wichtigsten Kommunikationsregeln beherzigt.

6

Zuhören können

»Solange man selbst redet, erfährt man nichts«, wusste schon Marie von Ebner-Eschenbach. In unserer schnelllebigen Zeit müssen wir aufpassen, das Zuhören nicht zu verlernen. Üben Sie, sich in Gesprächen bewusst zurückzunehmen und jemandem zuzuhören, wie er etwas erzählt. Oder legen Sie öfter ein Hörspiel ein und achten Sie darauf, wie sich Ihr Ohr wieder an gesprochenen Text gewöhnen muss, der länger als 30 Sekunden dauert.

Drittes Kapitel

Kontakte wollen gepflegt werden: Wie Sie auch Stolpersteine überwinden

In diesem Kapitel erfahren Sie

Wie Sie schon beim Verabschieden die Kontaktpflege einsteuern

Wie Sie Ihre Kontakte pfleglich behandeln

Wie sich Kontakte über den Moment hinaus halten lassen

Warum mancher Kontakt misslingt und wie sich am besten damit umgehen lässt

BLEIBEN WIR IN VERBINDUNG?

Mit den Kontakten ist es wie mit der Liebe. Sie sollten Ihr Interesse zeigen, aber auf keinen Fall aufdringlich erscheinen. Nicht nur, weil das bei einem anderen ein Gefühl von Bedrängt-Sein hervorruft, sondern auch, weil Sie sich damit in eine Bittstellerposition begeben. Für Ihr Gegenüber ist es aber kein Opfer, mit Ihnen in Verbindung zu bleiben, sondern höchstwahrscheinlich ein Geschenk. Er oder sie weiß es nur noch nicht.

Eine gute Möglichkeit ist es, Ihrem Gegenüber ein Stichwort zu liefern, an das er sich bei der neuerlichen Kontaktaufnahme erinnern kann. Wenn der Erstkontakt in der Pause am Kuchenbüfett stattfand, sagen Sie: »Ich werde als Betreff ›Kaffeepause‹ schreiben.« Solch ein Betreff sticht garantiert in der Flut der üblichen Business-E-Mails hervor.

DIE RICHTIGE BALANCE BEIM VERABSCHIEDEN

Sich von neuen Kontakten wieder zu verabschieden bedeutet, dass man sie wieder loslässt, obwohl das geknüpfte Band noch ganz zart ist. Sie gewinnen Menschen aber unbedingt, wenn Sie trotz allem die Zügel lockerlassen und darauf vertrauen, dass bei einer neuerlichen Begegnung wieder »der Draht« entsteht, den Sie hatten. Vereinbaren Sie kurz, wie Sie es beide mit der Kontaktpflege halten wollen und tauschen Sie Visitenkarten aus. Manche Menschen benutzen Karten mit einem Foto darauf, damit der andere sich erinnert. Bei mir persönlich ist das nicht nötig. Wenn ich Zeit habe, mich einem Menschen zuzuwenden, und sei es nur kurz, dann habe ich Gesicht oder

Bezug gespeichert. Wenn eine Traube von Menschen um mich herum ist, wie nach einem Seminar, dann nützt mir auch das Foto nicht mehr viel.

WIE LANGE WARTEN?

Warten Sie mit der Kontaktaufnahme nicht länger als eine Woche, aber melden Sie sich nicht am nächsten Tag. Das eine ist zu schnell und das andere zu langsam. Je nach Anliegen können Sie beispielsweise auch schreiben: »Ich wollte mich nur mal schnell melden und für das schöne kurze Gespräch bedanken. Es wird noch etwas dauern, aber dann melde ich mich erneut zu dem Projekt. Wäre das so für Sie ok? Mit der E-Mail haben Sie nun auch meine elektronischen Daten, aber ich freue mich, wenn wir uns auch persönlich bald wiedersehen.«
Ihre E-Mail bringt Sie erst einmal in Erinnerung und macht deutlich, dass Sie sich in der nächsten Zeit wieder melden werden. Das sollten Sie dann auch tun. Das »etwas dauern« zeigt dem anderen, dass Sie nicht aufdringlich sind und »kleben«. Meine Empfehlung wäre aber, sich spätestens innerhalb von drei Wochen wieder zu melden.

WAS IST MIT ANRUFEN?

Keine gute Idee, wenn Sie den Kontakt zu einer Person suchen, die höhergestellt und sehr frequentiert ist. Etwa ein Experte, Autor, Vorstand. Ich würde diese Menschen niemals anrufen, sondern immer per E-Mail kontaktieren und darin fragen, ob und wann eine telefonische Kontaktaufnahme möglich ist. Je nach Level werden Sie so oder so nur die Sekretärin sprechen.
Aber auch bei persönlichen Kontakten empfehle ich inzwischen die vorgeschaltete E-Mail. Sie zeigen damit, dass Sie den anderen Menschen und seine Privatsphäre respektieren. Signalisieren Sie Ihre Kontaktbereitschaft durch Formulierungen wie »Ich wollte mich nicht gleich telefonisch melden, freue mich aber sehr, wenn Sie mich anrufen! Deswegen hier auch noch mal meine mobile Nummer.«
Dass Sie die mobile Nummer mitteilen zeigt, dass Sie an einem engeren Kontakt interessiert sind. Selbst wenn die entsprechende Person schon längst Ihre Visitenkarte mit mobiler Nummer hat, schreiben Sie diese in die Mail. Erstens ist es nicht sicher, dass er oder sie gleich Ihre Visitenkarte zur Hand hat und zweitens ist es ein Impuls, den Sie damit geben.

JEDER KONTAKT HAT SEINE QUALITÄT

Praxistipps

Damit Kontakte halten und sich eventuell auch in Freundschaft verwandeln können, ist es wichtig zu wissen, was wir wollen. Geht es um wirkliche Gemeinsamkeit oder nur um ein paar gemeinsame Momente? Je genauer Sie dies differenzieren können, desto weniger werden Sie enttäuscht werden. Enttäuschung stellt sich ja meist dann ein, wenn das, was wir erhalten, einer Erwartung oder einem diffusen Gefühl nicht ganz entspricht. »Das hatte ich mir ganz anders vorgestellt … aber Moment mal, wie denn genau?«

Zu welcher Kategorie gehört Ihr neuer Kontakt?

★ Handelt es sich um einen Premium-Kontakt? Ein Mensch, mit dem Sie Maronen stehlen würden? Soll dieser Mensch unbedingt in Ihrem Leben bleiben und Taufpate Ihrer Kinder werden? Wenn ja, dann müssen Sie dafür etwas tun, und zwar gleich.

★ Ist es ein Kontakt, mit dem Sie beruflich gerne Ideen schmieden würden? Ein Kreativkopf, wie Sie vielleicht einer sind, oder ein Sportsfreund, der endlich mit Ihnen Ihre Kanuleidenschaft in Nebengewässern teilt? Das ist doch prima! Aber Sie brauchen diesen Menschen deswegen nicht täglich dreimal anzurufen. Vereinbaren Sie ein Projekt oder feste Trainingszeiten, aber lassen Sie ihn in einem klar definierten Bereich Ihres Lebens.

★ Soll dieser Kontakt Ihnen eine Tür öffnen oder Ihnen anderweitig nützlich sein? Definieren Sie selbst, was Sie von diesem Menschen möchten, und gehen Sie dann bewusst darauf zu. Der Kontakt muss nicht erlöschen, wenn Ihr Wunsch erfüllt ist, aber vielleicht liegt er eine Zeit auf Eis. Bis zu dem taufrischen Morgen, an dem einer von Ihnen beiden diesen Kontakt wiedererweckt, weil es einen guten Grund dafür gibt.

★ Haben Sie sich gut unterhalten, ein paar Bier, eine Flasche Wein geteilt, ein paar Anekdoten ausgetauscht und festgestellt, dass Sie über 250 Ecken ein und denselben Zeitungshändler kennen? Solche Nächte braucht der Mensch. Lösen Sie am besten zwei Aspirintabletten noch vor dem Schlafengehen auf und vermeiden Sie verkaterte Treffen am Frühstücksbüfett. Sie werden sich sicher auch ohne Telefonnummern wieder treffen, denn die nächste Party kommt bestimmt.

★ War die Begegnung herzlich und angenehm? Haben Sie Dinge gehört oder von Dingen geredet, die Ihnen aus der Seele sprechen? Gab es zwei oder drei Momente, in denen Sie eine deutliche Anerkennung spürten? Wie schön … aber zu wenig für ein ganzes Leben. Kontakte, die sich intensivieren sollen, brauchen mehr als eine angenehme Atmosphäre und zwei oder drei schöne Momente. Freuen Sie sich darüber, dass es solche Treffen immer wieder gibt, und lassen Sie diesen Menschen dort, wo er hingehört, am begrünten Rand Ihres Lebenswegs.

Je klarer Sie selbst Ihre Wünsche und Möglichkeiten kennen, desto klarer werden Sie auch agieren. Sie senden dann keine Botschaften aus, die Sie eigentlich so gar nicht meinen. Klarheit tut allen Begegnungen gut und deswegen sollten Sie so oft es geht so klar wie möglich sein. Das heißt aber nicht, dass Sie sich nicht auch vom Leben oder anderen Menschen immer mal wieder überraschen lassen sollten.

Ich will damit sagen, dass wir es zulassen dürfen, wenn manche Verbindungen sehr lose bleiben und nicht fürs tägliche und lange Leben geschaffen sind.

SENSIBLER UMGANG MIT KONTAKTEN

Wenn Sie bestimmte Kontakte länger halten und vielleicht sogar gekonnt ausbauen möchten, dann ist eine gewisse Pflege gefragt. Gute Kontakte haben heute im Business-Bereich mehr denn je einen regelrechten Geldwert. Wer Kontakte und ein Netzwerk hat, kommt weiter.

Unternehmer, die mit ihren Kontakten nicht pfleglich umgehen, müssen Jahr für Jahr viel Geld investieren, um immer wieder neue Kontakte zu knüpfen oder die alten wiederzubeleben. Es ist eine sehr sensible Angelegenheit, wie man Verbindungen einerseits am Leben erhält und andererseits nicht »überpflegt« und damit erstickt.

Im Grunde ist die richtige Kontaktpflege vergleichbar mit der Pflege von Zimmerpflanzen: Wenn man sie zu wenig gießt, vertrocknet die Zimmerpalme, und wenn man sie zu viel gießt, fault sie einem von der Wurzel her weg. Grüner Daumen hin oder her, man muss sich drum kümmern, wenn man Freude an dem guten Stück haben will. Also geht es jetzt darum, Ihren grünen Daumen in der Kontaktpflege zu betrachten oder zu entwickeln.

MEIN INTERESSE – DEIN INTERESSE

Ich bin gelegentlicher Besucher auf einer Internetplattform, die ein virtuelles Business-Netzwerk bildet. Dort kann man sein Profil einstellen bzw. das von anderen einsehen, um dann miteinander Kontakt aufnehmen zu können. Allerdings habe ich in der Zwischenzeit die Lust darauf verloren, weil ich nach einer »Kontaktparty« eines Mitglieds plötzlich permanent Anrufe und Einladungen bekam, und zwar von Menschen, mit denen ich mich an einem Abend nur einmal kurz unterhalten hatte. Eine Verbindung ging so weit, dass ich drei- bis viermal in der Woche angerufen wurde. »Hallo Bernd … hier ist Markus. Markus Leitner. Wie geht es dir?« Ich konnte die Begrüßungsformel schon bald in- und auswendig. Obwohl ich sehr viel Verständnis für Menschen habe, die Geschäftspartner suchen, habe ich für mich entschieden: Dies ist keine gute Kontaktpflege.

Dieser Herr Leitner wollte, dass ich in sein Schneeball-Vertriebssystem mit

einsteige. Obwohl ich sehr deutlich mein Desinteresse zum Ausdruck gebracht hatte, wollte er nicht von mir ablassen. Er hatte »sein Ding« im Kopf und »wenig auf dem Schirm«, was ich wollte bzw. nicht wollte. Seine Verbindlichkeit und seine sehr persönliche Ansprache wirkten sehr schnell nicht mehr echt. Und nach kurzer Zeit schien er mir fast einen amerikanischen Akzent bei seiner immer gleichbleibenden Begrüßungsformel zu haben.

WINWIN-SITUATION

Bei einem Kontakt geht es immer auch darum, dass beide Beteiligten zu ihrem Vorteil kommen. Wenn ich also etwas von jemandem möchte, muss ich ihm möglicherweise auch darstellen, welches sein Gewinn bei dieser Sache ist. Der Gewinn im geschäftlichen Bereich lässt sich oft sehr gut definieren. Im privaten Bereich ist das schon subtiler. Da kann ein Gewinn sein, dass ich schöne Gespräche führe, etwas dazulerne oder mir mein Gegenüber hilft, in einer wichtigen Angelegenheit weiterzukommen.

Aber egal, ob Freundschaft, Beruf oder Liebe: Beide Beteiligten wollen etwas davon haben!

Ist dies nicht der Fall, entsteht ein Ungleichgewicht, das häufig zu einer Störung des Kontaktes führt. Beim einen geht das schneller, beim anderen dauert es etwas länger – je nach Ausprägung der Eselsgeduld, der Opfermentalität oder dem Verständnis auf der anderen Seite. Ich hatte auf jeden Fall bald genug und wimmelte Herrn Leitner kurz angebunden ab, wenn er sich wieder meldete.

WIE SIEHT GUTE KONTAKTPFLEGE AUS?

Praxistipps

Erst einmal – das ist die Grundvoraussetzung – ist es wichtig, dass beide Beteiligte den Kontakt wollen, das heißt, dass beide das Gefühl haben, irgendeine Form von Gewinn daraus zu ziehen. Will nur einer den Kontakt pflegen, bedeutet dies oft, dass er der anderen Person hinterherhetzt und sich diese bedrängt fühlt. Wollen ihn beide nicht wirklich pflegen, wird der Kontakt bald im Sand verlaufen. Soll der Kontakt also halten, müssen beide es wollen, wobei meist einer den Anfang der Kontaktintensivierung macht.

★ Kontaktpflege bedeutet, sich immer mal wieder an den anderen freudig zu erinnern und ihm deutlich zu machen, dass man an ihn denkt, beispielsweise in Form

- einer Postkarte aus dem Urlaub (sehr selten geworden, und daher umso interessanter),
- eines Artikels, der den anderen interessieren könnte,
- eines kurzen Anrufs,
- einer SMS, eines Postings oder einer E-Mail,
- einer Einladungskarte zu einem Event,
- eines kleinen Geschenks.

Zeigen Sie echtes Interesse

★ Selbst in einer SMS oder E-Mail wollen Menschen in ihrer Individualität und Persönlichkeit wahrgenommen werden. Verschicken Sie also nicht irgendwelche allgemeingültigen »Postwurfsendungen«, sondern lassen Sie in Ihrem Gruß den anderen spüren, dass wirklich er gemeint ist.

Individualität vermitteln

★ Wenn Sie den anderen zu einem Event einladen, sollte der Rahmen möglichst individuell zu ihm passen, beispielsweise: »Ich erinnere mich, dass Sie eine Leidenschaft für Pferde haben. Hätten Sie nicht Lust mit mir zur Reiter-Gala zu kommen?« »Hatten Sie nicht erwähnt, die Buchmesse sei für Sie ein lang gehegter Traum? Was halten Sie von einem gemeinsamen Tag in Leipzig oder Frankfurt?«

Keine Mutti- oder Vati-Allüren

★ Zu große Intimitäten, mütterliche Ratschläge oder väterlich wirkende Hinweise untergraben Kontakte zwischen zwei erwachsenen Menschen. Ich reagiere in der Regel befremdet, wenn ich etwa lese »Pass gut auf dich auf!« oder »Mach langsam«, obwohl ich die Absender dieser Nachrichten nur sehr flüchtig kenne. Zeigen Sie dem anderen, dass Sie ihn respektieren, und nehmen Sie wahr, wie viel Distanz und Behutsamkeit dieser Mensch in der Annäherung braucht.

Geschenke verbinden

★ Ganz besonders dann, wenn sie Freude machen. Dazu zählen all die Geschenke, die man auch unter die Kategorie »kleine Aufmerksamkeit« einsortieren kann und die dem Beschenkten zeigen, dass sich hier jemand Gedanken gemacht hat und wirklich etwas schenken möchte. Geschenke, die von Herzen kommen, emotionalisieren und haben ihren eigenen Wert. Wenn Sie einen Menschen also für sich gewinnen möchten und vorhaben, diese Absicht durch ein Geschenk zu unterstreichen, dann müssen Sie sich etwas Mühe geben. Genau diese Mühe bewirkt dann, dass Ihr Geschenk wirklich ankommt und den anderen berührt. Geschenke müssen nicht teuer sein. Oft sind es Kleinigkeiten, die andere Menschen glücklich machen, aber diese Kleinigkeiten müssen zum Kunden oder Beschenkten passen, damit er das schöne Gefühl hat, er wurde wirklich als Mensch erkannt.

Nicht hinterherlaufen!

★ Suchen Sie die gemeinsame Zeit mit dem anderen, aber rennen Sie ihr nicht hinterher. Wenn es dreimal nicht glückt, dann lassen Sie die Fäden hängen. Zur Kontaktpflege gehören immer zwei. Nun soll sich der andere einmal was einfallen lassen … nicht selten kommt genau dann eine Nachricht von der Gegenseite.

WENN KONTAKTE MISSLINGEN

Wenn Sie Menschen für sich gewinnen möchten, müssen Sie auch damit leben, dass sich manche nicht gewinnen lassen wollen. Sie blitzen dann ab, bleiben links liegen, der Kontakt bricht ab oder Sie fühlen sich sogar wirklich abgelehnt. Wir können alles versuchen, damit Menschen unsere offene Tür sehen und in unser Leben treten, aber wir können niemand dazu zwingen.

Es gibt unterschiedliche Gründe, die einen anderen Menschen dazu veranlassen, sich gegen den Kontakt mit uns zu entscheiden. Manchmal ist das sogar gut und der Himmel hat uns – während wir noch klagen, wütend und verzweifelt sind – vor einem unguten Kontakt geschützt. Woher sollen wir auch wissen, wie sich Dinge entwickeln? Wir haben zwar meist eine Vorstellung von der gewünschten Verbindung, aber ob diese stimmt, liegt für uns oft komplett im Dunkeln. Manchmal scheint ein Kontakt fruchtbringend, wunderbar oder einfach nur sinnvoll zu sein, doch der andere sieht das nicht so. Oder es kommt zu einer Begegnung, die aus Gründen, die wir nicht kennen, mit einem Mal versiegt und nicht mehr zu beleben ist.

Die unterschiedlichsten Ursachen können zu einem Kontaktabbruch führen: betretene Fettnäpfchen, falsche Informationen, negative Eindrücke, Enttäuschungen oder schlicht die Tatsache, dass der andere einfach kein Interesse (mehr) an uns hat. Besonders in der Liebe ist dies schmerzvoll. Da hat etwas so romantisch begonnen und nun ist alles wie abgerissen und es kommt keine Verabredung mehr zustande. Anrufe und Nachrichten bleiben unbeantwortet und vielleicht weiß man nicht einmal, warum. Einfach vorbei.

BEI JEDER VERBINDUNG GENAU HINSCHAUEN

Menschen für sich gewinnen zu wollen, birgt immer die Gefahr, dass wir auch Enttäuschungen erleben. Es gibt keine Garantie in der zwischenmenschlichen Begegnung, und dies bezieht sich sowohl auf Menschen, die uns nicht liegen, wie auch auf Menschen, für die wir tiefe

Gefühle entwickeln könnten. Der unsympathische Typ kann sich zum verlässlichen Freund entwickeln und der liebende Verehrer zum »Kotzbrocken«. Alles ist drin in diesem Spiel. Die Gefahr, dass Sie zu viel oder zu wenig in eine Verbindung interpretieren, besteht immer. Deshalb ist es gut, das Interpretieren zu lassen und lieber zu schauen, was sich wirklich zeigt. Stürzen Sie sich also nicht Hals über Kopf auf jemanden, den Sie kennenlernen wollen. Erzählen Sie nicht sofort alles, sondern bleiben Sie in einer offenen, unvoreingenommenen Haltung und nehmen Sie möglichst genau wahr.

Das bedeutet, plaudern Sie nicht, sondern stellen Sie Fragen und hören Sie den Antworten sorgsam zu.

Nicht alle Menschen gehen achtsam mit anderen Menschen um. Das bezieht sich auf das, was einem anvertraut wurde, bis hin zum Umgang und der Pflege des Kontaktes. Ablehnung ist ein unschönes Gefühl. Es bedeutet, da hat sich eine Erwartung nicht erfüllt, wir stehen da und sehen etwas von uns fortziehen, das sich damit auch unseren Möglichkeiten und unserem Einfluss entzieht. Für manche Menschen ist Ablehnung ein ganz schreckliches Gefühl, weil sie sich dann verletzt und ausgegrenzt fühlen. Diese Menschen beziehen Ablehnung auf sich persönlich. Egal, ob es dabei um einen entgangenen Job geht, um eine unerfüllte Liebe, um die Traumwohnung, die ein anderer bekommen hat, oder ob ihnen bei Ebay etwas weggeschnappt wurde.

NICHT ALLE ABLEHNUNGEN SIND PERSÖNLICHER NATUR

An diesen Beispielen können Sie auch erkennen, dass es manchmal etwas mit der eigenen Person zu tun hat und manchmal nicht. Wenn Sie in einem Bewerbungsgespräch nicht das erreichen, was Sie erreichen wollten, kann das Gründe haben, die mit Ihnen zu tun haben, es muss aber nicht zwangsläufig so sein.
Angenommen, Sie haben diese Führungskraft oder dieses Team nicht für sich gewinnen können. Etwas hat sich anscheinend verhakt, war lau oder störend. Doch vielleicht hat auch einfach nur das Unternehmen nicht zu Ihnen gepasst? Leider werden Ablehnungen oft nicht oder nur fadenscheinig begründet. Manchmal würde eine Erklärung Men-

schen die Ablehnung erleichtern (»Ah so, sie haben jemand genommen, der auch noch fließend Russisch spricht, weil ein Werk in der Ukraine angedacht ist.«) Manchmal könnte man daraus auch lernen (»Blöd, ich hab nicht gesagt, dass ich gerade privat Russisch lerne. Beim nächsten Gespräch erwähne ich das aber!«). Auch wäre es möglich, an der eigenen Wirkung zu feilen und diese zu verbessern. Mit kurzen Absagen wie »Leider haben wir uns für einen anderen Bewerber entschieden …« steht nur das Nein im Raum und wir müssen zusehen, wie wir damit klarkommen und unsere Wunden lecken. Immer wieder tauchen aber die Fragen auf:

- Wieso nicht ich?
- Was habe ich falsch gemacht?
- Habe ich etwas übersehen?
- War ich unhöflich?
- War ich zu unwissend?

Da die Gründe der Ablehnung oft nicht bekannt sind, kann es passieren, dass Menschen, die eine Absage erhalten, sich entweder enttäuscht zurückziehen und gleich sich selbst und die gesamte Idee infrage stellen, oder aber darüber nachdenken, was sie noch tun könnten, um den Kontakt zu retten. »Ist noch Spiel drin?«, fragen sie sich. Meistens nicht. Ein Nein bedeutet ein Nein. Sie kennen es sicher selbst aus misslungenen Vorstellungsgesprächen und gescheiterten Liebesbeziehungen: Wirklich etwas reinzuholen gelingt meist nicht mehr. Umso wichtiger ist es, konstruktiv mit der Niederlage umzugehen.

WELCHE ARTEN DER ABLEHNUNG GIBT ES ÜBERHAUPT?

- Ablehnung aus sachlichen Gründen
- Ablehnung aus persönlichen Gründen
- Ablehnung aufgrund Ihrer Person

Je nachdem, welcher Grund zu einem Misserfolg des Kontakts geführt hat, eignen sich andere Formen des Umgangs damit.

Sachliche Gründe

- Bei den sachlichen Gründen ist es klar, nicht Sie oder Ihre persönliche Struktur stehen im Fokus des Geschehens, sondern eine Sache. Es ist also Energieverschwendung darüber nachzudenken, wie man sich hätte besser »verkaufen« können. Das gilt besonders dann, wenn sich herausstellt, dass Sie einem bestimmten Profil nicht entsprechen, wie etwa bei einer Stellenausschreibung. Oder wenn Sie als Autor Ihren Liebesroman an

einen Verlag schicken, der ausschließlich Lexika, Ratgeber oder Wirtschaftsbücher publiziert.

Sachliche Ablehnungen haben also nichts mit Ihnen zu tun, und es ist gut, wenn Sie das verinnerlichen. Denn was diese Form der Ablehnung für uns problematisch und schmerzhaft macht, ist, dass wir sie wider besseres Wissen oft in persönliche verwandeln. Wir fürchten, dass noch etwas anderes dahinterstecken könnte und überlegen, ob es noch eine zweite Botschaft gibt, welche die ablehnende Person aus Feingefühl vor uns verschweigt. Vielleicht würde die Begründung, so schmerzhaft sie wäre, uns ja auch einen Anstoß geben, es das nächste Mal besser zu machen? Das Nachdenken über all das bringt Sie aber nicht weiter. Wenn keine konkrete Information kommt, hören Sie um Ihrer selbst willen auf, hinter sachlichen Ablehnungen nach persönlichen Aspekten zu forschen. Entweder jemand sagt Ihnen die Gründe oder er sagt sie Ihnen nicht. Sie haben Ihren Beitrag geleistet und das war mutig und bedeutet schon eine ganze Menge.

Sie handeln sicher in der Mehrzahl der Fälle und besonders dann, wenn Sie etwas erreichen wollen, mit der besten Absicht und dem bestmöglichen Verhalten. Vermutlich haben Sie alles gegeben, was Sie geben konnten. Aus welchen Gründen auch immer hat es nicht gepasst oder nicht gereicht. Das kommt vor. Über die verschüttete Milch nachzudenken macht keinen Sinn und führt nur dazu, dass Sie eine überkritische Diskussion mit sich beginnen, die Sie herunterzieht. Überlegen Sie stattdessen, was Sie bereits ganz gut gemacht haben und wie dies das nächste Mal noch besser gelingen kann.

Persönliche Gründe

- Manchmal passt es eben nicht. Sie haben sich wohlgefühlt, alles gegeben, doch die Person, die Sie für sich gewinnen wollten, hat nicht darauf reagiert. Es kommt vor – und nicht zu selten –, dass es persönliche Gründe sind, warum Kontakte nicht gelingen. Jeder Mensch ist anders und hat von daher auch andere Vorlieben im Umgang oder wie er angesprochen werden möchte. Sie können das aber nicht immer wissen!
- Ob Sie Ihrem Gegenüber angenehm sind oder nicht, entscheidet sich sehr schnell. Es kann sein, dass Sie etwas in Ihrer Art oder Ihrem Auftreten haben, was dem anderen prinzipiell nicht liegt. Ich meine damit nicht Etikette, sondern Ihre *Natur*. Vielleicht ist es Ihr Lachen, das dem anderen zu laut oder zu leise ist, Ihre Stimme, Ihre Art, Sätze zu bilden usw.
- Was immer es auch ist, im Augenblick der Ablehnung können Sie daran nichts ändern, sondern müssen die Reaktion hinnehmen, wie sie kommt. Vielleicht wird sich der Wind noch einmal drehen, oder es passiert etwas, das Sie in einem besseren Licht erscheinen lässt. Im Moment geht aber leider nichts.
- Wichtig ist auch hier, dass Sie die Ablehnung des anderen nicht persönlich nehmen und sich mit Ihrer ganzen Person abgelehnt fühlen. In diesem Fall beginnen Sie an sich zu zweifeln und zu feilen und sind nicht mehr offen, den Kontaktversuch lässig und aus der Distanz zu nehmen.
- Wenn es einfach nicht zusammenpasst, freuen Sie sich, wenn es gleich deutlich wurde. Dann haben Sie noch nicht so viel Energie investiert.

Ablehnung aufgrund Ihrer Person

- Sie merken vielleicht schon, wie sich Person und persönlich in Kopf und Seele miteinander vermischen. Jemand lehnt Sie ab, weil Sie zu groß oder zu dünn sind und Sie ein Goldkettchen dort tragen, wo er lieber Silber sieht. Sie passen nicht ins Bild. Basta und deswegen weg mit Ihnen.
- Höchstwahrscheinlich werden Sie die Gründe für die Ablehnung auch in diesem Fall nicht erfahren, nur, dass es mit Ihnen persönlich nichts zu tun hatte, aber Umstände und Verbindungen einfach

nicht zusammenkamen. Was nun wieder häufig passiert, ist, dass wir es dennoch persönlich nehmen. Und das schnürt uns die Seele zusammen.

★ Wenn nun Selbstzweifel und Unsicherheit am eigenen Selbstwert und der Selbstsicherheit zu nagen beginnen, heißt das, dass Sie sich selbst wenig in der Situation unterstützen.

★ Machen Sie sich bewusst, dass es nicht Ihre Persönlichkeit, sondern nur Ihre Person ist, die der andere sieht, und die dient ihm oft als Spiegel: als Spiegel seiner Person, als Spiegel einer Situation, die er erlebt hat. Sie erinnern ihn an jemanden, mit dem er Schwierigkeiten hatte, oder er hat sich etwas anderes vorgestellt.

★ Halten Sie sich nicht weiter mit der Situation auf, denn Sie werden sie nicht ändern und waren einfach der falsche Mensch zur falschen Zeit am falschen Platz. Ihre Person ist äußerlich zu erkennen, Ihre Persönlichkeit ist unantastbar. Versuchen Sie tröstend mit sich umzugehen und sich über die Ablehnung hinwegzuhelfen, so, wie Sie es mit einer engen Freundin oder einem lieben Freund ganz selbstverständlich täten.

Kleine Trostpflaster parat zu haben ist immer hilfreich, nicht nur, wenn man bereits völlig frustriert ist.

»——› Lesen Sie sich zunächst Ihre Listen von Seite 54/55 noch einmal durch und halten Sie sich so Ihre Stärken und Besonderheiten vor Augen. Vielleicht fällt Ihnen gleich noch ein weiterer positiver Punkt ein?

»——› Gönnen Sie sich eine ausgiebige warme Dusche und stellen Sie sich vor, wie das Wasser, das über Ihre Haut rinnt, alles fortspült, was Sie belastet.

»——› Schließen Sie die Augen und legen Sie die Zeigefinger an die Schläfen. Machen Sie kleine kreisende Bewegungen im Uhrzeigersinn. Die Finger verschieben sich nicht auf der Haut, sondern bewegen diese. Die Akupressur hilft gegen Angstzustände und Verspannungen.

»——› Geben Sie Ihren Sorgen nicht zu viel Raum: Rufen Sie sich folgenden Satz in Erinnerung: »Ich bin nicht nur meine Sorgen und Zweifel«. Und schauen Sie sich die Übungen auf Seite 35 und Seite 44 noch einmal an.

AUS MISSERFOLGEN LERNEN

Erinnern Sie sich an eine Situation, in der ein Kontakt gescheitert ist. Wenn wir uns Misserfolge möglichst unvoreingenommen anschauen, können wir besser einschätzen, was uns in der Situation fehlte und machen es das nächste Mal einfach anders oder nehmen es eben nicht mehr persönlich.

Wie waren Ihre Gefühle damals?

Was war Ihre Stärke in dieser Begegnung?

Wie sind sie mit ein wenig Abstand heute?

Hatten Sie sich genügend vorbereitet? Wenn ja, wie?

Woran hat es gelegen, dass es dennoch nicht klappte?

Was können Sie für Ihre künftige Vorgehensweise mitnehmen und auf andere Situationen anwenden?

Gibt es etwas, auf das Sie stolz sind? Haben Sie vielleicht sehr rasch gemerkt, dass da was klemmt und nicht so aufgeht, wie Sie erhofften, und haben daher Ihre Energie nicht in eine aussichtslose Sache vergeudet?

Martin nimmt es nicht persönlich, wenn er an einem Abend kaum Maronen verkauft. Er fragt sich höchstens: »Stimmt der Ort noch, an dem ich stehe? Sollte ich mir ein anderes Kostüm zulegen? Lädt das Wetter heute nicht ein, an meinem Stand stehen zu bleiben?« Mit seiner Persönlichkeit hat der mangelnde Verkauf jedenfalls nichts zu tun, denn die können die Kunden gar nicht kennen.

Ein MISSERFOLG
ist auch die CHANCE,
es beim nächsten Mal
BESSER
zu machen.

Henry Ford

AUF DEM WEG ZUR GUTEN KONTAKTPFLEGE

1

Nach dem Kontakt ist vor dem Kontakt

Wenn Sie eine angenehme und/oder beruflich wichtige Begegnung hatten, ist die Verabschiedung oft nicht leicht, denn Sie möchten ja nicht gleich wieder vergessen werden. Je entspannter Sie jedoch damit umgehen, umso besser, denn jeder genießt es, wenn ihm keiner zu aktiv auf die Pelle rückt und der Kontakt langsam wachsen und gedeihen darf.

2

Wissen, was man will

Manchmal fühlen wir uns von einem Kontakt enttäuscht, weil wir etwas erwartet haben, ohne aber genau zu wissen, was. Überlegen Sie daher, ob und warum Sie mit jemandem Kontakt halten wollen. Je klarer Sie in Ihrer Haltung sind, desto entkrampfter das Verhältnis auf beiden Seiten und desto größer die Wahrscheinlichkeit, dass Sie erhalten, was Sie sich wünschen.

3

Das eigene Verhalten überprüfen

Reflektieren Sie nach jedem Kontakt, egal ob er gut lief oder zögerlich. So geben Sie sich die Möglichkeit, Ihre Strategie zu erkennen, zu überprüfen, zu verbessern oder gänzlich zu erneuern. Alles, worauf es ankommt, ist Übung. Trainieren Sie daher Ihre Kontaktfreude, Ihre Kontaktbereitschaft und Ihre Kontaktpflege jeden Tag aufs Neue.

4

Kontaktpflege

Das Wort Pflege bedeutet ja, sich um etwas kümmern. Aber auf möglichst angenehme, unaufdringliche Weise, sodass der andere sich in seinen Grenzen nicht verletzt oder zu »bekümmert« fühlt. Wichtig ist, dass Sie durch Ihre kleinen Gesten dem anderen das Gefühl vermitteln, dass er nicht nur ein beliebiger Kontakt unter vielen ist, sondern Sie ihn wirklich als Mensch wahrnehmen.

5

Kontakte sind nur bedingt berechenbar

Sowohl was ihren Erfolg als auch ihren Misserfolg angeht. Das gilt in beruflicher wie in privater Hinsicht. Lassen Sie sich also immer wieder neugierig und wagemutig auf das Spiel der Kontakte ein. Es wird Sie jedes Mal bereichern, wenn Sie sich achtsam verhalten, indem Sie sich wahrhaftig interessiert am anderen zeigen.

6

Kein Anschluss unter dieser Nummer

Nicht immer werden unsere Bedürfnisse nach Kontakt erfüllt, Es gehören immer zwei dazu. Und es spielen noch andere Faktoren eine Rolle: Zeit, Ort, Befindlichkeit der Beteiligten, Stimmungen etc. Das ist kein Weltuntergang. Aus jeder gescheiterten Situation können wir lernen, indem wir darüber nachdenken, worin unser Beitrag bestand.

AUSKLANG: LASS UNS IN VERBINDUNG BLEIBEN!

Es gibt Kontakte, die nur für einen bestimmten Zweck geknüpft wurden und wenn sie diesen erfüllt haben, wieder gelöst werden, Kontakte, die über Jahre lose gehalten werden und Kontakte, die sich in ernsthafte Freundschaft oder mehr verwandeln.
Ernst gemeinte Beziehungen brauchen Liebe und Zeit, um zu wachsen. Rufen Sie nicht schnell aus dem Auto an, sondern setzen Sie sich für diese Gespräche auf die Couch. Schreiben Sie keine Weihnachtskarten, wie sie an Ihre Kunden verschickt werden (nur eben mit einem persönlichen Halbsatz mehr). Ist Ihnen ein bestimmter Mensch wirklich wichtig, dann müssen Sie den Kontakt pflegen und etwas dafür tun. Die Belohnung ist Ihnen sicher. Und manche Kontakte, wie unserer, sind zwar intensiv, aber nur für eine gewisse Zeit geschaffen. Eben für die Dauer eines Buches mit 96 Seiten.

Ich würde mich freuen, wenn Martin und ich in Ihnen die Lust auf Menschen geweckt hätten und das Vertrauen darauf, dass Sie andere für sich gewinnen können. Weil Sie etwas geben können, mitteilen, verschenken. Weil Sie zuhören können, authentisch sind und sich zeigen. Und weil Sie verlässlich sind und wissen, was Sie wollen.

Machen Sie es den Maronen gleich

- Fallen Sie Menschen in den Schoß.
- Oder lassen Sie sich finden …
- Platzen Sie ein wenig auf, damit man Ihren Kern besser sieht.
- Nehmen Sie die Furcht vor Ihren Stacheln.
- Lassen Sie sich berühren.
- Nähren Sie …
- … und wärmen Sie!

Das Leben kann gut ein wenig mehr an Miteinander und Wärme brauchen.

Ihr Bernd Görner

ZUM WEITERLESEN

Lesetipps aus meinem Bücherregal

Bauer, Joachim: *Prinzip Menschlichkeit. Warum wir von Natur aus kooperieren*, Heyne, aktualisierte Ausgabe 2008

Carnegie, Dale: *Wie man Freunde gewinnt*, Scherz, 48. Auflage 2003

Collett, Peter: *Ich sehe was, das du nicht sagst. So deuten Sie die Gesten der anderen – und wissen, was diese wirklich denken*, Ehrenwirth, 3. Auflage 2004

Croos-Müller, Claudia: *Überzeugend auftreten. Körpersprache und Selbstpräsentation für Frauen*, Kösel, 3. Auflage 2008

Einhorn, Stefan: *Die Kunst, ein freundlicher Mensch zu sein*, Hoffmann und Campe 2007

Enkelmann, Nikolaus B.: *Beruflicher und privater Erfolg durch Persönlichkeit*, mvg bei Redline, 3. Auflage 2005

Först, Regina: *Ausstrahlung. Wie ich mein Charisma entfalte*, Kösel, 8. Auflage 2010

Kaplan, Thaler, Linda / Koval, Robin: *The Power of Nice. Wie Sie die Welt mit Freundlichkeit erobern können*, dtv 2008

Krech, Gregg: *Die Kraft der Dankbarkeit. Das Praxisbuch für innere Zufriedenheit*, Knaur TB 2007

Loschky, Eva: *Gut klingen – gut ankommen. Effektives Stimmtraining mit der Loschky-Methode®*, Goldmann, 4. Auflage 2016

Märtin, Doris: *Smart Talk. Sag es richtig!* Campus, 2. Auflage 2013

Naumann, Frank: *Die Kunst der Sympathie. Die selbstbewusste Art, sich beliebt zu machen*, Rowohlt-TB 2007

Sanders, Tim: *Der Sympathiefaktor. Menschen erfolgreich für sich gewinnen*, S. Fischer 2007

Scheler Uwe: *Erfolgsfaktor Networking. Mit Beziehungsintelligenz die richtigen Kontakte knüpfen, pflegen und nutzen*, Piper, 2. Auflage 2005

Schulz von Thun, Friedemann: *Miteinander reden. Störungen und Klärungen. Allgemeine Psychologie der Kommunikation*, Rowohlt-TB, 48. Auflage 2010

Wlodarek, Eva: *Jeder Mensch hat Charisma: Lassen Sie Ihre Persönlichkeit leuchten*, Kösel 2016

BILDNACHWEIS

Alle Illustrationen in diesem Buch stammen von Martina Frank, München, mit Ausnahme von S. 14 / 54 / 88: Shutterstock / Sharpner und S. 29 / 44 / 61 / 77 / 81: Shutterstock / Pavlenko
Fotos: vordere Klappe: photocase / kemai, S. 26 / 27: Shutterstock / Annette Shaff, S. 68 / 69: Shutterstock / iravgustin, S. 90 / 91: Shutterstock / Studio KIWI
Hintergrundmotive: Shutterstock / Elmiral

QUELLENNACHWEIS

Die Zitate in diesem Buch stammen aus folgender Quelle:
Vordere Klappe: aus *vielseitig-beraten.at*, ohne weitere Quellenangabe; S. 26 / 27: aus Hoffmann, Margit (Hrsg.): *Der Schlüssel zur Gelassenheit*. Groh 2007, S. 18; S. 68 / 69: aus *aphorismen.de*, ohne weitere Quellenangabe; S. 90 / 91: aus *gutzitiert.de*, ohne weitere Quellenangabe.
Leider ist es uns nicht in allen Fällen gelungen, die Fundstelle ausfindig zu machen. Der Verlag bittet ggfs. um Nachricht, damit bei einer Neuauflage eine korrekte Quellenangabe erfolgen kann.

MIX
Papier aus verantwortungsvollen Quellen
FSC® C084279

Umschlaggestaltung und Layout: Favoritbuero, München
Umschlagmotiv: photocase / krine
Satz: Nadine Clemens, München
Projektleitung: Heike Mayer
Lektorat: Angela Hermann-Heene
Druck und Bindung: Print Consult, München
ISBN 978-3-95803-097-8

Liebe Leserin, lieber Leser,
leicht geht's besser: Mit unserer Reihe *Leichter leben* möchten wir Sie zu einem neuen Lebensgefühl inspirieren und bei Veränderungsprozessen unterstützen. Alle Inhalte wurden gewissenhaft erstellt und sorgfältig geprüft, die Übungsanleitungen und Vorschläge haben sich in der Praxis bewährt. Danke, dass Sie in eigener Verantwortung prüfen, inwieweit Sie die Anregungen umsetzen möchten. Eine Haftung für die Resultate vonseiten des Autors bzw. des Verlags und seiner Beauftragten ist ausgeschlossen.

Mehr über unsere Bücher: www.scorpio-verlag.de